David Bordon • Tom Winters • Claudia Wenserit

99 Dinge, die Sie unbedingt mal
mit Ihren Kindern tun sollten

Über die Autoren

David Bordon ist der ehemalige Vizepräsident und Verleger von *Honor Books*, einem der führenden Verlage von christlicher Literatur in den USA.

Tom Winters ist freischaffender Autor und hat bereits mehrere Bücher mit David Bordon geschrieben, darunter „99 Dinge, die Sie unbedingt mal tun sollten".

Claudia Wenserit ist verheiratet und im ersten Beruf Erzieherin. Irgendwann entschloss sie sich, Medizin zu studieren, und bekam zwischendurch zwei lebhafte Jungs. Mittlerweile arbeitet sie Teilzeit als praktische Ärztin und findet sogar noch hin und wieder Zeit zum Schreiben.

David Bordon • Tom Winters • Claudia Wenserit

99 Dinge,

die Sie unbedingt mal mit Ihren Kindern tun sollten

Aus dem Englischen übersetzt
von Martina Merckel-Braun

Verlagsgruppe Random House FSC-DEU-0100
Das für dieses Buch verwendete FSC®-zertifizierte Papier *Pamo Super*
liefert Arctic Paper Mochenwangen GmbH.

Die amerikanische Originalausgabe erschien im Verlag
Faith Words, Hachete BookGroup USA,
1271 Avenue of the Americas, New York, NY 10020,
unter dem Titel „101 Things You Should Do Before Your Kids Leave Home".
© 2007 by Bordon-Winters LLC
© 2009 der deutschen Ausgabe by Gerth Medien GmbH, Asslar,
in der Verlagsgruppe Random House, München

Die Bibelzitate wurden folgenden Bibelübersetzungen entnommen:
Gute Nachricht Bibel, revidierte Fassung, durchgesehene Ausgabe
in neuer Rechtschreibung, © 2000 Deutsche Bibelgesellschaft,
Stuttgart (Gute Nachricht)
Revidierte Elberfelder Bibel, ©1985/1991/2006 SCM R. Brockhaus
im SCM-Verlag GmbH und Co. KG, Witten (Elberfelder)

Bestell-Nr. 816 411
ISBN 978-3-86591-411-8
3. Auflage 2011

Bearbeitung: Claudia Wenserit, Nadine Weihe
Umschlaggestaltung: Immanuel Grapentin
Umschlagfoto: Shutterstock
Satz: Die Feder GmbH, Wetzlar
Druck und Verarbeitung: CPI Moravia

Kinder sind keine zufälligen Gäste in unserem Leben.
Sie sind uns für eine gewisse Zeit geliehen worden,
damit wir sie lieben und ihnen ein Fundament von Werten
vermitteln, auf dem sie ihr zukünftiges Leben aufbauen.

JAMES DOBSON

Inhalt

• • • • • • •

Einleitung

· · · · · · · ·

Achtzehn Jahre, vielleicht zwanzig, entsprechen in etwa der Zeit, die Sie haben werden, um Ihre Kinder dafür auszurüsten, glückliche, verantwortungsbewusste, unabhängige und friedliche Bürger der Welt zu werden, in die sie hineingeboren wurden. Das mag Ihnen an dem Tag, an dem Sie jenes kleine Bündel Glück aus dem Krankenhaus nach Hause bringen, eine ziemlich lange Zeit erscheinen, aber in Wirklichkeit ist es nur ein Augenblick. Ein Augenblick – das ist alles, was Ihnen bleibt, um sich mit Ihren Kindern und über sie zu freuen, sie zu lieben und gemeinsam mit ihnen zu lernen – fest entschlossen, zu bekommen und zu geben, was Sie können und solange Sie es können.

Das Buch, das Sie in der Hand halten – „99 Dinge, die Sie unbedingt mal mit Ihren Kindern tun sollten" –, wurde geschrieben, um Ihnen zu helfen, diese kostbaren Jahre kreativ und abwechslungsreich zu gestalten. Es ist voller Ideen und Ratschläge, die Ihnen zeigen, wie Sie Ihre Kinder mit allem ausrüsten können, was sie brauchen, damit sie später allein in dieser Welt bestehen können. Gleichzeitig sollen unsere Vorschläge dazu beitragen, dass Sie und Ihre Kinder jede kostbare Stunde genießen, die Sie miteinander verbringen werden. Also packen Sie's an – lesen Sie, lernen Sie, lachen Sie, singen Sie und lassen Sie Drachen steigen. Ihre Kinder sind ein wunderbares Geschenk Gottes – so wunderbar, dass Sie seine Hilfe brauchen werden, um es zu begreifen.

1 Pflanzen Sie einen Familienbaum

Unsere Kinder werden so schnell groß. Im Handumdrehen sind sie erwachsen und bereit, auf eigene Faust in die Welt hinauszugehen. Kluge Eltern sollten deshalb jede Gelegenheit nutzen, um ihren Kindern ein Gefühl von Familienzugehörigkeit zu vermitteln und ihnen die Gewissheit zu geben, dass die Familie ein Ort der Geborgenheit ist, der ihnen in den Stürmen des Lebens jederzeit Halt bietet. Eine ganz einfache und doch schöne Möglichkeit, um dies zu erreichen, ist diese: Pflanzen Sie einen Familienbaum!

Wählen Sie zunächst mit der ganzen Familie einen geeigneten Standort für Ihren Baum aus. Das kann Ihr eigener Garten sein, ein Park oder sogar ein Platz am Straßenrand. Für die beiden letzten Orte sollten Sie jedoch vorher eine Genehmigung einholen, bevor Sie Ihren Baum pflanzen. Auf jeden Fall sollte es aber eine Stelle sein, an der Sie und Ihre Familie Ihren Familienbaum jederzeit besuchen können.

Wenn Sie den richtigen Platz gefunden haben, fragen Sie einen Gärtner um Rat, welche Baumart sich am besten für Ihre

Gegend und Ihr Klima eignet. Achten Sie auch darauf, dass der Baum ausreichend Sonne bekommt und genügend Platz hat. Packen Sie dann die ganze Familie ins Auto und suchen Sie sich in einer Baumschule oder einem Baumarkt Ihren Baum aus.

Ermutigen Sie jedes Familienmitglied, auch einmal die Schaufel zu nehmen und ein wenig Erde in das Loch zu werfen, in das Sie den Familienbaum gepflanzt haben. Wenn Sie die Erde festgestampft haben, stellen Sie sich im Kreis um den Baum auf, reichen Sie einander die Hände und sprechen Sie ein Dankgebet. Danken Sie Gott für Ihre Familie – für das, was Sie sind, und für das, was Sie sein werden. Wenn möglich, machen Sie jedes Jahr Fotos davon, wie Sie mit Ihrer Familie um den Baum versammelt sind. Es macht Spaß, diese Bilder anschließend mit dem allerersten Foto zu vergleichen, auf dem Ihre Kinder noch um einen winzigen, schwachen Setzling herum standen.

Gott schätzt den Wert der Familie so hoch, dass er sie bereits im Garten Eden geschaffen hat. Er bezeichnet uns als seine Kinder, die zu seiner eigenen ewigen Familie gehören. Bevor Ihre Kinder die Flügel ausbreiten und in die Welt hinausfliegen, schenken Sie ihnen mit einem solchen Baum ein Zeichen für die Kraft und Loyalität Ihrer Familie.

2

Feiern Sie die Feste, wie sie fallen

Kinder lieben Feste. Von einem zum anderen Geburtstag dauert es für sie unendlich lange. Deshalb bietet es sich an, den „halben" Geburtstag sechs Monate nach dem richtigen Geburtstag zu feiern. Überraschen Sie Ihre Kinder mit einem halben Geschenk (z. B. Band 1 eines zweibändigen Werkes). Feiern Sie mit einem halben Kuchen oder einer halben Tafel Schokolade, trinken Sie einen halben Liter Limonade oder planen Sie eine lustige Unternehmung für einen halben Tag. Weitere Möglichkeiten für Festtage sind zum Beispiel der tausendste Lebenstag, der Nationalfeiertag eines Urlaubslandes, der erste ausgefallene Zahn, eine gute Klassenarbeit, der Weltkindertag, der Namenstag usw. Wer feiern will, findet immer einen Grund!

Für Kinder braucht es dazu oft wenig Vorbereitung. Man kann sich festlich kleiden oder irgendwelche besonderen Gläser benutzen und den Tisch etwas festlicher decken als sonst. Wenn sich dann noch ein kleines Geschenk findet, kann das Fest beginnen.

Möglich sind auch „Wunscherfüllungstage", an denen sich

jeder reihum etwas leicht Erfüllbares wünschen darf (frische Brötchen zum Frühstück, eine Fahrt ins Blaue, Abendessen im Bett usw.). Spontane Feste können zu wiederkehrenden Bestandteilen im Leben Ihrer Kinder werden. So werden Traditionen geschaffen, von denen vielleicht sogar später Ihre Enkel profitieren werden.

In der Bibel ist häufig von Festen die Rede. Schon im Alten Testament wurde das Laubhüttenfest gefeiert. Im Christentum finden sich im Jahreskreislauf viele Feste. Weihnachten, Ostern, Pfingsten ... Alle eignen sich, um die Familienzusammengehörigkeit zu stärken und die Kinder mit dem christlichen Glauben vertraut zu machen. In einer Welt, in der für viele Menschen an Ostern der Osterhase die Eier versteckt, sind Eltern wichtig, die ihren Kindern (und auch deren Freunden) die wahren Hintergründe dieser Festtage erklären.

„Diesen Tag hat der Herr zum Festtag gemacht. Heute wollen wir uns freuen und jubeln!" (Psalm 118,24; Gute Nachricht). Welchen Grund gibt es heute für ein Fest? Feiern Sie einfach!

3 Bringen Sie Ihren Kindern bei, schriftlich „Danke" zu sagen

Es gab einmal eine Zeit, in der Eltern ihren Kindern ein ungeschriebenes Gesetz beibrachten: *Du darfst nicht eher mit einem neuen Spielzeug spielen, bevor du dich schriftlich dafür bedankt hast.* Das mag Menschen, denen solche Höflichkeiten fremd sind, altmodisch vorkommen. Aber es war eine gute Möglichkeit, um Kinder dazu zu bewegen, einen Moment innezuhalten und dankbar zu sein, ehe sie das Geschenk eines Verwandten oder Freundes genossen.

Solche Dankesbriefe müssen keine langen, komplizierten Angelegenheiten sein. Ein Kind braucht nur einmal kurz zu erwähnen, wie viel Spaß es an dem betreffenden Gegenstand hat oder wie viel es dadurch lernt und dass es dem Geber für seine Freundlichkeit dankt. Wenn Ihr Kind noch nicht selbst schreiben kann, lassen Sie sich ein paar Sätze von ihm diktieren und helfen Sie bei der Formulierung. Lassen Sie es anschließend ein Bild unter den Brief malen oder etwas Gebasteltes dazulegen. Älteren Kindern könnten Sie vorschlagen, dem kurzen Brief ein paar liebe Worte hinzuzufügen. Mehr ist gar nicht erforderlich; einfach, aber effektiv. Diese kleine Mühe ist auch für das spätere Leben eine gute Übung und der Empfänger freut sich darüber.

In der Bibel wird eine Geschichte von zehn Aussätzigen erzählt, die alle von Jesus geheilt wurden. Neun von ihnen rannten zu ihren Angehörigen und Freunden, ganz außer sich vor Freude über ihr Glück. Nur einer kam zu Jesus zurück, um Danke zu sagen. Das ist eine wichtige Lektion. Wir genießen ständig die großzügigen Geschenke, die Gott uns macht, und vergessen oft, ihm dafür zu danken. Dennoch schüttet er unablässig seine Segnungen aus, selbst auf diejenigen, die seine Güte nicht erkennen oder anerkennen.

Es kostet uns wirklich nur sehr wenig Mühe, einem anderen Menschen gegenüber unsere Wertschätzung zu zeigen. Und wenn Kinder einen Dankesbrief schreiben, lernen sie gleichzeitig, zu erkennen und auch anzuerkennen, dass ihre Mitmenschen oder Gott nicht automatisch dazu verpflichtet sind, ihnen all ihre Wünsche zu erfüllen.

4 Schweben Sie mit einem Heißluftballon über Ihr Haus

Stellen Sie sich einmal vor, Sie würden mit Ihren Kindern hoch über Bäumen und Dächern dahingleiten – so frei wie Vögel am Himmel. Das ist ein unvergessliches Erlebnis, an das man sich ein Leben lang erinnern wird. Diese Erfahrung, die Menschen auf der ganzen Welt immer wieder begeistert, ist noch in einer anderen Hinsicht bereichernd: Sie bietet uns die Möglichkeit, das Leben aus einer einzigartigen Perspektive zu sehen. Während Sie hoch oben dahinschweben, erscheinen irdische Bilder verschwommen, Unvollkommenheiten verschwinden und kleine Sorgen verblassen. Aus Ihrer erhabenen Perspektive sehen Sie geordnete Straßenzüge, sauber gemähte Rasenflächen und wunderschöne, glitzernde Gewässer. Man könnte beinahe sagen, Sie sehen die Welt aus dem Blickwinkel Gottes!

Fahrten mit dem Heißluftballon waren früher einmal ein Vergnügen, das sich nur die Mutigsten gönnten, aber heutzutage bieten sich einem viele Gelegenheiten, in den klaren, blauen Himmel aufzusteigen: bei Volksfesten, sportlichen Ereignissen,

Benefiz-Veranstaltungen und öffentlichen Flugtagen. Manchmal müssen Sie nicht mehr tun, als einen Blick in die Gelben Seiten oder ins Internet zu werfen. Dort erfahren Sie, wo Sie eine Ballonfahrt buchen können, wie diese Ballons funktionieren und wie Sie eine Lizenz zum Ballonführen erwerben können. Oft dürfen auch die Helfer des Ballon-Bodenteams umsonst mitfahren. Fragen Sie doch einmal einen Ballonbesitzer, ob er Sie und Ihre Kinder gegen Bezahlung oder Arbeitsstunden auf eine Reise in die Wolken mitnimmt.

Eine Heißluftballonfahrt mit der Familie scheint vielleicht ein bisschen extravagant, wenn Sie hart arbeiten müssen, um Ihre Familie zu versorgen, aber es ist ein Erlebnis, für das sich ein Opfer lohnt. Ehe Ihre Kinder in ihr eigenes Leben starten, werden sie ein unschätzbar wertvolles Bild dafür bekommen, wie Gott uns hoch über unsere Probleme hinausheben und auf Engelsflügeln durch die härtesten Momente unseres Lebens hindurchtragen kann.

5 Probieren Sie gemeinsam beliebte Familien-rezepte aus

Miteinander ein Lieblingsessen verspeisen – für viele Menschen ist das ein ganz wichtiger Bestandteil des Familienlebens. Es bedeutet, sich um Omas berühmten Hackbraten zu versammeln oder Papas Chilisauce zu genießen, die einem die Tränen in die Augen treibt. So lernen wir Familienrezepte kennen und schätzen. Aber diese Traditionen werden aussterben, wenn Sie nicht das Rezeptbuch aufschlagen und Ihre Kinder in die Geheimnisse einweihen, wie Ihre kulinarischen Meisterwerke zubereitet werden.

Viele Kinder, die mit Fertiggerichten aus der Kühltheke oder vom Fast-Food-Restaurant aufwachsen, haben keine Gelegenheit zu entdecken, wie viel Spaß Kochen macht. Selbst wenn Sie oder Ihre Vorfahren nicht unbedingt über die größten Kochkünste verfügen, können Sie Ihren Kindern doch ein paar Rezepte aus der guten, alten Zeit beibringen.

Mit tiefgekühltem Gemüse, vorgegartem Fleisch und Fertigsoßen lässt sich auch ohne viel Aufwand die eine oder andere köstliche Mahlzeit zaubern. Zeigen Sie Ihren Kindern, wie man ein Kochbuch benutzt, oder stöbern Sie im Internet nach einem Rezept für Ihren Lieblingskuchen. Schalten Sie den Herd ein; holen Sie die erforderlichen Zutaten aus der Vorratskammer, dem Kühlschrank oder der Gefriertruhe; wiegen Sie die richtigen Mengen ab und backen Sie einen Klassiker wie zum Beispiel einen Marmorkuchen. Sie schaffen das!

Nicht jeder ist ein talentierter Koch, aber jeder kann ein Rezept befolgen, vor allem eines für ein erprobtes und bewährtes Lieblingsgericht. (Sie können auch Ihre Mutter bitten, Ihnen ein paar einfache Rezepte zu nennen, wenn Sie selbst nicht so viel Erfahrung haben.) Beim Kochen und Backen lernen Kinder, dass Zutaten in einer bestimmten Reihenfolge hinzugefügt und vermischt werden müssen. Brot geht nicht ohne Hefe auf, und Spaghettisoße schmeckt anders mit frischen Tomaten – Sie wissen, was ich meine.

Benutzen Sie dies als Einstieg, um mit Ihren Kindern darüber zu reden, dass Gott für uns ein festes „Rezept" bereitgestellt hat, wie wir zu ihm eine Beziehung aufbauen können. Gebet, Vertrauen und eine riesige Portion Glauben – das alles muss zusammenkommen, damit unsere Freundschaft mit ihm wachsen kann. Und als Eltern haben wir das unschätzbare Vorrecht, dieses Lebensrezept an unsere Kinder weitergeben zu dürfen.

6 Informieren Sie sich über das Leben und den Glauben in anderen Ländern

Andere Länder und Völker kennenzulernen kann dazu beitragen, die eigene Kultur mehr wertschätzen zu lernen. Und was noch wichtiger ist: Ihre Kinder lernen dadurch, dass etwas, das anders ist, deshalb nicht automatisch falsch ist. Unterschiede zu erkennen und zu begreifen schult die Wahrnehmung.

Beginnen Sie die Entdeckungsreise damit, im Internet nach geeigneten Seiten zu suchen, wo Ihre Kinder auf kindgerechte Weise an andere Kulturen herangeführt werden. Sie werden fasziniert sein von der Fülle der zur Verfügung stehenden Informationen. Mit ein paar Mausklicks werden Sie Fotos, Kochrezepte und Geschichten aus dem Land finden, das Sie gemeinsam erkunden wollen.

Kinder müssen aber auch begreifen, dass nicht alle Regierungen gerecht sind und dass es in mancher Hinsicht grundlegende Unterschiede gibt – vor allem, wenn es um das Thema „Glaube und Gott" geht. Ihre Kinder sollten wissen, dass es Menschen

24

gibt, die ihre Freiheit und vielleicht sogar ihr Leben opfern, um ihrem Glauben treu zu bleiben.

Helfen Sie Ihren Kindern, die richtigen Fragen zu stellen. Schenkt die Religion eines bestimmten Landes dem Einzelnen die Freiheit, nach seiner persönlichen Glaubensüberzeugung zu leben? Das Christentum gestattet den Menschen, selbst zu entscheiden, ob sie an Gott glauben, und erst recht, ob sie ihm dienen wollen. Viele andere Religionen gewähren diese Freiheit nicht und lehnen Andersdenkende ab.

Lehren Sie Ihre Kinder, ihre Freiheit wertzuschätzen und für diejenigen zu beten, die dieses Vorrecht nicht besitzen.

Ihre Kinder werden viel Gutes in anderen Kulturen entdecken und sehen, dass manche Unterschiede belanglos sind. Sie können und sollten dabei lernen, sich darüber zu freuen, dass es andere Arten zu kommunizieren, zu essen, zu spielen, zu tanzen und sich zu kleiden gibt. Aber wenn es um die persönliche Glaubensfreiheit geht, sind nicht alle Kulturen gleich. Dies sollten Sie Ihren Kindern bewusst machen, damit Sie Ihren eigenen Glauben nicht in ein falsches Licht rücken und Ihren Kindern kein falsches Bild von Gott vermitteln.

7 *Bauen Sie ein Vogelhäuschen und warten Sie auf die Besucher*

Vögel sind unglaublich vielfältig. Einige singen besonders schön, andere erfreuen dank ihres besonderen Gefieders das Auge und wieder andere stürzen sich mit wildem Gezeter auf ihre gefiederten Feinde. Alle sind interessant, und es lohnt sich, ein bisschen Zeit zu investieren, um sie näher kennenzulernen. Mit ein wenig gemeinsamem Einsatz können Sie und Ihre Kinder ein neues Vergnügen entdecken: Vögel im eigenen Garten beobachten!

Aber eins nach dem anderen: Beginnen Sie damit, aus alten Holzbrettern, etwas Holzleim und ein paar alten Nägeln aus dem Werkzeugkoffer ein Vogelhäuschen zu bauen. Vielleicht suchen Sie im Internet nach ein paar einfachen Anleitungen, wie Sie einen Zufluchtsort für Gottes „flatterhafteste" Kreaturen schaffen können. Einige Anleitungen kommen mit nur drei Holzstücken aus und selbst der Ungeschickteste sollte mit dem Zusammenbau keine Schwierigkeiten haben. Außerdem finden Sie in jeder Bibliothek eine Fülle von Bastelbüchern, die Ihnen

auch Anregungen für den Bau von anspruchsvolleren Futter-
häuschen geben.

Zudem sollten Sie sich ein Vogelbestimmungsbuch oder
anderes Material besorgen. Das hilft Ihnen dabei, die Vögel zu
erkennen, die von Ihrem Angebot Gebrauch machen werden.
Sie können sich auch darüber informieren, welches Futter Sie
kaufen sollten, damit auch der Nachwuchs „Ihrer" Vögel gut
ernährt werden kann. Und wenn Ihre Kinder ganz enthusias-
tisch mit dabei sind, können Sie sogar Nistmaterial bereitstellen – das ist allemal besser, als zuzusehen, wie Ihre Stuhlkissen
auf der Terrasse auseinandergerupft werden.

Ermutigen Sie Ihre Kinder, aufzuschreiben, welche gefiederten Gäste sie besuchen kommen. Lassen Sie sie jede neue Ent-
deckung notieren und Fotos von besonders ungewöhnlichen
Besuchern machen. Das wird das Interesse und die Begeisterung Ihrer Kinder länger wachhalten.

Gott hat uns damit beauf-
tragt, für seine Schöpfung
zu sorgen. Wenn Sie Ihren
Kindern helfen, ein behagli-
ches Vogelhäuschen zu bau-
en, vermitteln Sie ihnen
damit einen Vorgeschmack
davon, was es heißt, unsere
Erde zu verwalten. Wenn
Sie für einen Platz sorgen,
an dem die Vögel sich in Sicherheit bringen können,
werden auch Ihre Kinder eine Ahnung davon bekom-
men, mit welcher Fürsorge
Gott sich fortwährend um
sie kümmert.

8 *Machen Sie Ihre Kinder zu Heimkino-Stars*

Ihre Kinder zu Filmstars zu machen ist noch nie so einfach gewesen wie heute. Durch die reiche Auswahl an Videokameras und Heimkino-Zubehör, das heute auf dem Markt erhältlich ist, können Sie Werke kreieren, von denen Ihre Eltern und Großeltern nur träumen konnten. Sie und Ihre Kinder können mühelos einzigartige Erlebnisse festhalten und damit eine unschätzbar wertvolle Familienchronik schaffen.

Bevor Sie damit beginnen, sollten Sie allerdings im Internet oder in der Bücherei nach Tipps und Ideen für Ihren Film stöbern. Wenn Sie und Ihre Kinder sich anschließend gemeinsam das Ergebnis anschauen, werden Sie sehen, wie sehr Sie von einer guten Vorbereitung profitieren konnten.

Hier ist ein absolut sicherer Tipp für gelungenes Filmen: Sorgen Sie dafür, dass Sie ein Baby oder ein Kind vor dem Objektiv haben. Auf diese Weise fangen Sie unglaublich viel Leben, Aktivität und Bewegung ein und Ihr Film kann einfach nur ein Hit werden.

Wenn Sie Ihre Familiengeschichte dokumentieren möchten, dann sollten Sie versuchen, Geburtstage, besondere Ausflüge und Familienurlaube festzuhalten. Sie brauchen nicht jede Einzelheit zu filmen, aber es ist auf jeden Fall besser, mehr zu drehen, als Sie brauchen, wenn Sie das Material später einmal schneiden wollen.

Wenn Ihre Kinder dann älter werden, geben Sie ihnen ab und zu die Kamera in die Hand; so können Sie zur Abwechslung einmal selbst eine Filmrolle spielen. Sie müssen vielleicht manchmal unorthodoxe Methoden in Kauf nehmen, aber seien Sie tolerant. Lassen Sie Ihre Kinder ihre Kreativität ausleben.

Die Videos, die Ihre Kinder drehen, werden zu Familienerbstücken für eine neue Generation werden, ein optisches Notizbuch von Momenten der Freude, die in die Ewigkeit hineinreichen. Eines Tages werden Sie unter Tränen lächeln, wenn Sie verstorbene Angehörige live auf dem Bildschirm sehen.

Gott verspricht uns keine bestimmte Anzahl von Umarmungen, kein festgesetztes Maß an Lächeln. Sie haben keine Garantien und wissen nicht, wie viel Zeit Ihnen mit Ihren Kindern noch bleibt. Darum wird die Freude, die Sie heute filmen, morgen ein Schatz sein, für den Sie dankbar sind.

9 Lachen, weinen, tanzen und singen Sie Ihren Kindern etwas vor

Lachen und Tanzen fällt uns eigentlich ganz leicht, zumal diese beiden Dinge meistens gleichzeitig geschehen. Und wenn ein Kind uns mit einem grinsenden Gesicht anschaut, dauert es meist nicht lange, bis auch Sie zumindest eine kleine Regung zeigen. Außerdem wissen Kinder besser als jeder andere, wie sie ihre Eltern mit den albernsten Kleinigkeiten dazu bringen können, die verrücktesten Dinge zu tun. Dann kommt das kleine Kind in ihnen zum Vorschein, und schon können alle Beteiligten gar nichts anderes tun, als sich zu freuen und zu lachen. Lassen Sie solche lustigen Momente immer wieder zu, und geben Sie Ihren Kindern damit ein positives Beispiel, wie ein fröhlicher Alltag im Familienleben aussehen kann.

Auch unser Singen kann hin und wieder ein Lachen hervorrufen, aber in diesem Fall geschieht das eher unabsichtlich. Kinder lachen fast ebenso gern *über* ihre Eltern wie *mit* ihnen. Solche lustigen Erlebnisse wirken befreiend und ermutigen Ihre Kinder, am Familienspaß teilzunehmen. Und es tut ihnen einfach gut, wenn sie sehen, dass auch Mama und Papa hin und wieder ihre verrückten fünf Minuten haben.

Weinen dagegen kann schwieriger sein. Kulturelle oder familiäre Normen halten Eltern oft davon ab, in Momenten extremer Trauer angemessene Gefühle zu zeigen. Wenn etwas Furchtbares geschieht, dann sollten Sie keine Angst davor haben, Ihren Tränen und Ihrem Schluchzen freien Lauf zu lassen! Ihre Kinder verstehen es vielleicht nicht ganz, aber sie werden berührt sein, weil Sie es sind. Sie werden erleben, dass auch große Jungen und Mädchen wie Sie manchmal traurig sind. Sie werden Mitgefühl für andere entwickeln und auch ihre eigenen Gefühlsschwankungen besser verstehen lernen.

In der Bibel wird berichtet, dass sogar Jesus weinte. Er weinte, als er von dem Kummer überwältigt wurde, einen guten Freund verloren zu haben. Aber das war nur die eine Seite. Bei anderen Gelegenheiten machte er Scherze. Helfen Sie Ihren Kindern, das Leuchten in seinen Augen zu sehen.

Gott hat uns dazu geschaffen, Gefühle zu haben: zu leiden, zu lachen, zu tanzen, zu singen und zu lächeln. Das ist es doch, worum es im Leben geht. Wenn Sie Ihren Kindern erlauben, die ganze Bandbreite und Tiefe Ihrer Gefühle mitzuerleben, tun Sie ihnen einen großen Gefallen. Sie bringen sie in Kontakt mit ihren eigenen Gefühlen und zeigen ihnen, wann es angebracht ist, diese zum Ausdruck zu bringen – ein wichtiger Schlüssel für ein glückliches, ausgewogenes Leben.

10 *Kehren Sie Ihre Fehler nicht unter den Teppich*

Es gibt keine vollkommenen Eltern. Und wenn es sie gäbe, könnte man dann mit ihnen Spaß haben? In Wahrheit machen wir Fehler über Fehler und fügen dann noch ein paar hinzu, um das Maß vollzumachen. Haben Sie jedes Mal, wenn Sie sich Ihren Kindern gegenüber falsch verhalten haben, den Mut, es zuzugeben. Üben Sie es gleich jetzt: „Kinder, ich habe einen Fehler gemacht."

Eine Ihrer größten Herausforderungen wird es sein, Ihre persönlichen Kämpfe und eigenen Probleme nicht auf Ihre Kinder zu übertragen und ihnen dann die Schuld dafür zu geben, dass sie der Auslöser gewesen sind. Haben Sie jemals in einem frustrierenden Moment die Beherrschung verloren und Ihre Wut an denjenigen ausgelassen, die Sie lieben? Fast allen Eltern ist das schon passiert. Worauf es ankommt, ist, was Sie als Nächstes tun.

Wenn Sie jemanden verletzt haben, können Sie jetzt Ihrer Familie zeigen, was Demut bedeutet. Aber handeln Sie schnell.

Je mehr Zeit zwischen der Verletzung und der Entschuldigung vergeht, desto schwächer ist der Eindruck, den Ihre Worte hinterlassen.

Fehler zuzugeben kann bei alldem noch das Einfachste sein. Ohne große Mühe können wir uns in allen Einzelheiten darüber auslassen, wie wir zu unserem unangemessenen Verhalten „gebracht" wurden. Unsere Kinder hören mit weit aufgerissenen Augen zu, wie wir andere für unsere falschen Reaktionen und unsere mangelnde Selbstbeherrschung verantwortlich machen. Aber darauf kommt es nicht an, hören Sie damit auf, und gehen Sie noch einmal einen Schritt zurück. Ansonsten lernen Ihre Kinder von Ihrem schlechten Beispiel!

Wenn Sie etwas falsch gemacht haben, dann verschwenden Sie nicht viel Zeit damit, sich zu rechtfertigen oder zu erzählen, warum das passieren musste. Kommen Sie schnell zum Punkt und sagen Sie: „Bitte verzeih mir. Ich habe einen Fehler gemacht." Nur wenn Sie sich der Barmherzigkeit Ihres Kindes aussetzen, können Sie echte Versöhnung erleben.

Auf diese Weise wird Wut und Bitterkeit der Boden entzogen. Wenn Sie Fehler zugeben und um Vergebung bitten, dann durchbrechen Sie damit ein destruktives Verhaltensmuster. Und Ihre Kinder lernen dadurch ein Verhalten kennen, das ihnen sowohl in ihren Beziehungen zu ihren Mitmenschen als auch in ihrer Beziehung zu Gott sehr helfen kann.

11 Waschen Sie Ihr Auto – mit der kompletten Mannschaft!

Alle Mann an Deck! Holen Sie sich einen Stapel saubere Putzlappen, ziehen Sie kurze Hosen oder Badekleidung an und machen Sie sich an eine der beliebtesten Aufgaben, die Kinder kennen: das Familienauto waschen!

Für Eltern ist es das Beste, die kalte Dusche gleich als Erstes hinter sich zu bringen. Geben Sie dem jüngsten Mitglied des Reinigungsteams den Schlauch in die Hand, und ermutigen Sie es, Sie von oben bis unten nass zu spritzen. So kommen Sie später nicht ins Schwitzen, alle sind schnellstens bester Laune, und die Stimmung ist überwältigend. Zeigen Sie Ihrer Mannschaft anschließend, dass das Motto „Wie du mir, so ich dir" nicht nur in der Liebe, sondern auch beim Autowaschen gilt.

Wenn alle nass sind, dann füllen Sie ein paar Eimer mit Seifenwasser, und gehen Sie an die Arbeit. Lassen Sie alle mitmachen, die krabbeln und ein Handtuch halten können. Ehe Sie sich versehen, ist der Dreck schon in den Gully geflossen.

Die Arbeit macht noch mehr Spaß, wenn Sie dabei ein paar

lustige Lieder singen oder einen Radiosender mit Popmusik einstellen und im Takt die Lappen schwingen. Passen Sie aber auf, dass zum Schluss nicht die Nachbarn Schlange stehen und ihre Autos ebenfalls waschen lassen wollen.

Wenn man gemeinsam ein Auto putzt, lernt man dabei einiges über echte Teamarbeit. Jeder hat eine Aufgabe und jeder ist wichtig, ganz egal, wie groß oder wie klein er ist. Die Körpergröße macht in den Augen Gottes keinen Unterschied.

Diese einfache Arbeit zeigt Ihren Kindern, dass jeder in Gottes Familie eine bestimmte Aufgabe hat und dafür verantwortlich ist, seine Gaben für ein größeres Ganzes einzusetzen. In jedem Alter kann und sollte man die Bedürfnisse anderer Menschen über seine eigenen stellen. Die Bereitschaft, sich einzubringen und zu dienen, macht es möglich, Großes zu erreichen – gleichgültig, wie groß der Helfer ist. Eine wichtige Lektion für das ganze Leben – und mit einem alten Gartenschlauch hat alles angefangen.

12 *Beobachten Sie einen Sonnenauf- oder -untergang*

Kinder werden so schnell groß. Tage, Monate und Jahre vergehen wie im Flug und im Nu sind sie erwachsen. Umso mehr Grund, einmal die Bremse zu ziehen und das täglich neue, spektakuläre Ereignis anzuschauen, das uns daran erinnert, wie die Zeit vergeht.

Sehen Sie im Internet oder einem Taschenkalender nach, wann in Ihrer Gegend die Sonne auf- und untergeht. Nachdem Sie ein paar günstige Zeitpunkte ausgewählt haben, suchen Sie einen Ort aus, der landschaftlich besonders schön ist – vielleicht einen Strand oder einen Berg oder Hügel, von dem man eine gute Aussicht hat. Ganz egal, welchen Ort Sie wählen: Nehmen Sie ein paar Decken mit, falls es kalt wird, und packen Sie Klappstühle, ein bisschen Proviant und reichlich Getränke ein.

Suchen Sie sich einen Parkplatz abseits der Straße. Laden Sie dann alles aus, und stellen Sie Ihre Stühle auf, um eine der spektakulärsten „Lightshows" zu beobachten, die diese Erde zu bieten hat. Das sich entfaltende Drama, das Glitzern und Glühen, das Feuerwerk – versuchen Sie, alles ganz bewusst wahrzunehmen. Achten Sie darauf, wie der Himmel sich verändert, während die Sonne wandert.

Die Zuverlässigkeit, mit der die Sonne tagtäglich auf- und untergeht, sollte Ihren Kindern die Gewissheit vermitteln, dass Gott immer derselbe bleibt – Augenblick für Augenblick, Tag für Tag, Jahr für Jahr. Sie brauchen nicht zu befürchten, eines Morgens in Kälte und Dunkelheit aufzuwachen, denn Gott selbst hat der Sonne ihren Platz am Himmel zugewiesen. Beobachten Sie die explodierenden Lichtstrahlen, das leuchtende Orange, Gold, Rot und Gelb.

Gott wird andere herrliche Morgenstunden schicken, andere atemberaubende Abende, um Ihren Kindern Freude und Be-geisterung zu schenken. Und jede einzelne dieser eindrücklichen Szenen wird sie an den Moment erinnern, als Sie alle gemeinsam gesehen haben, wie Gottes Finger den Himmel bemalt hat – jenen unvergesslichen Augenblick in der unaufhörlich dahinsausenden Zeit.

13 Laden Sie Ihr Kind zu besonderen Verabredungen ein

Geschwister sollten beste Freunde sein, überhaupt keine Frage. Dennoch brauchen sie ab und zu Zeit und Raum für sich selbst, sonst empfinden sie sich nur als Teil der Menge und nicht als die einzigartigen Wesen, die sie in Wirklichkeit sind. Wenn Sie sich die Zeit nehmen, jedes Ihrer Kinder als eigenständige Persönlichkeiten zu behandeln und nicht nur als eines von vielen Geschwistern, stärkt das ihre Selbstachtung. Das Gefühl, dass Sie sie einfach um ihrer selbst willen lieben, vermittelt Ihren Kindern Sicherheit.

Eine gute Möglichkeit, wie Sie diese ganz persönliche Beziehung zum Ausdruck bringen können, besteht darin, von Zeit zu Zeit etwas ganz allein mit jedem Ihrer Kinder zu unternehmen. Das gibt Ihnen die Chance, die einzigartige Persönlichkeit und die besonderen Interessen jedes einzelnen Kindes besser zu verstehen. Auch wenn Sie nur zwei Kinder haben, besteht leicht die Gefahr, dass Sie beginnen, sie über einen Kamm zu scheren: Sie tun einfach das, was das lautere von ihnen verlangt. Erst wenn Sie die beiden ab und zu voneinander trennen, entdecken Sie, dass die stärkere Persönlichkeit des einen vielleicht die Kreativität des anderen unterdrückt hat.

Eine Unternehmung mit nur einem Ihrer Kinder sollte von den Bedürfnissen des Kindes geprägt sein. Geben Sie nichts vor; fragen Sie Ihr Kind ausdrücklich, was es tun möchte: ins Kino gehen, Schuhe einkaufen, klettern oder reiten. Der Fantasie sind keine Grenzen gesetzt.

Gehen Sie zum Abschluss mit Ihrem Kind essen, und überlassen Sie ihm auch hier die Entscheidung, wohin es gehen möchte. Nehmen Sie sich viel Zeit, damit Sie über Träume und Hoffnungen, Pläne und Erwartungen reden können. Nutzen Sie diese seltene Gelegenheit, diesen vielleicht manchmal fremden Menschen, der in Ihrem Haus lebt, besser kennenzulernen.

Ganz egal, wie jung oder alt Sie sind: Ihre Beziehung zu Gott ist eine ganz persönliche Beziehung. Gott möchte Sie ganz genau kennenlernen, Ihre Freude mit Ihnen teilen und Sie trösten. Genau diese Botschaft vermitteln Sie Ihrem Kind, wenn Sie sich besonders bemühen, ihm die ungeteilte Aufmerksamkeit zu schenken, die es verdient.

14 Halten Sie Ausschau nach einem doppelten Regenbogen

Oft werden Wunder, die sich im Alltag ereignen, kaum noch wahrgenommen, vor allem heutzutage, wo Fernsehen, Videospiele, Filme und Unterhaltungselektronik um die Aufmerksamkeit Ihrer Kinder wetteifern. Warum nehmen Sie sich nicht einmal vor, Ihre Kinder auf die Einzigartigkeit eines doppelten Regenbogens aufmerksam zu machen?

Angesichts der Seltenheit dieses Phänomens könnte das bedeuten, dass Sie gemeinsam kostbare Stunden damit zubringen, auf das besondere Ereignis zu warten. Ihre Kinder werden sehen, dass es Zeit und Geduld kostet, nach einem Wunder Ausschau zu halten. Während die Spannung wächst, sollten Sie jede Gelegenheit nutzen, das Farbenspiel des Regenbogens von Rot über Orange, Gelb, Grün, Blau und Indigo zu Violett zu beschreiben. Erzählen Sie Ihren Kindern von Noah. Erklären Sie ihnen, dass er einer der ersten Menschen war, die jemals einen Regenbogen gesehen haben. Berichten Sie ihnen, dass dieser leuchtende Bogen Gottes Versprechen besiegelte, dass die Erde nie wieder von einer Flut bedeckt werden würde.

Während Sie nach einem Regenschauer gemeinsam auf dem Balkon oder der Terrasse stehen, können Sie Ihren Kindern erklären, dass doppelte Regenbögen nur dann zu sehen sind, wenn Regentropfen hoch oben in der Atmosphäre Licht brechen und die Strahlen zu uns zurückwerfen. Ermutigen Sie sie, die Augen weit aufzumachen, denn das, wonach Sie Ausschau halten, ist kein alltägliches Ereignis, das sich nach jedem Regen beobachten lässt. Die Farbfolge eines Nebenregenbogens ist umgedreht, also genau das Gegenteil von der des Hauptregenbogens, und das macht die Sache so einzigartig.

Regenbögen sind flüchtige Schätze, vergängliche Erinnerungen an Gott. Und doppelte Regenbögen sind mindestens doppelt so kostbar. Haben Sie Ausdauer, wenn es darum geht, auf einen solchen Regenbogen zu warten. Dann werden Sie und Ihre Kinder letztlich mit einem Platz in der ersten Reihe bei einer faszinierenden Lightshow belohnt werden. Nun können Sie darüber staunen, wie sich das Farbenspiel des Hauptregenbogens in umgekehrter Reihenfolge im Nebenregenbogen widerspiegelt – eine bemerkenswerte doppelte Erinnerung an die Treue Gottes.

15 *Bringen Sie Ihren Kindern bei, eine Windel zu wechseln*

Feiern Sie schmutzige Windeln! Oder lächeln Sie zumindest darüber, während Sie sich die Nase zuhalten. Schmutzige Windeln bedeuten neues Leben. Die Geburt eines Kindes ist ein handfestes Wunder – darum feiern Sie es gebührend!

Um Ihre Kinder darauf vorzubereiten, den Spaß zu genießen, sollten Sie die Babybilder Ihrer Kinder hervorholen. Erzählen Sie ihnen, wie begeistert Sie waren, als Sie sie in den Armen hielten, und wie bereitwillig Sie selbst die bedrohlichste Windel gewechselt haben.

Natürlich hilft es, wenn Sie ein eigenes Baby haben, mit dem Sie üben können, aber wenn das nicht der Fall ist, gibt es immer windelmüde Mütter, die sich gern einmal von einem verantwortungsbewussten Erwachsenen helfen lassen. Wenn sich Ihnen eine solche Gelegenheit bietet, dann erklären Sie Ihren Kindern (ganz egal, wie alt sie sind) vorher, welche Kommentare angebracht sind und welche nicht. Helfen Sie ihnen, die richtigen Worte zu finden, um etwas über die Freude der

Familie über die Geburt des Babys zu sagen, über die zarte Babyhaut oder wie niedlich das Kleine aussieht. Wenn ein Windelwechsel erforderlich ist, fragen Sie die jungen Eltern, ob Sie helfen dürfen. Vielleicht freuen sie sich über die angebotene Hilfe. Bitten Sie ausdrücklich darum, dass Ihre Kinder auch zum Wickeltisch kommen dürfen.

Betonen Sie, wie einfach es ist, eine Windel zu wechseln. Zeigen Sie ihnen, wo Wischtücher, Puder und Creme und der Abfalleimer stehen. Wenn sie einige Male zugesehen haben, dann erlauben Sie ihnen doch auch einmal, es unter Ihrer Aufsicht selbst zu probieren. Windelwechseln ist eine lebenswichtige Fähigkeit, die viele junge Menschen nie erlernen, wenn sie keine Gelegenheit haben, als Babysitter zu arbeiten.

In gewisser Weise sind wir alle wie Babys, die neue Windeln brauchen, und Gott bietet uns an, uns gründlich zu reinigen. Er hilft uns dabei, uns von so manch schwerem Gepäck unseres Lebens zu befreien. Sprechen Sie mit Ihren Kindern darüber, wie Gott ihnen eine neue Chance gibt, auch wenn sie etwas falsch gemacht haben. Nutzen Sie die nächste schmutzige Windel als eindrücklichen Anschauungsunterricht!

16 Veranstalten Sie ein Wäscheseminar

Falls Ihre Kinder denken, dass die Wäschefee ihnen saubere Kleidung in den Schrank zaubert, ist es vielleicht an der Zeit, sie mit den Zauberstäben vertraut zu machen, die in der Waschküche, im Wirtschaftsraum oder im Badezimmer stehen. Eine Ladung Wäsche zu waschen, ohne weiße Hemden rosa zu färben, ist eine äußerst nützliche Fähigkeit, auf die man sein Leben lang zurückgreifen kann. Es wird Ihnen bestimmt Spaß machen, ein Seminar zum Thema „Wie gehe ich mit der Waschmaschine und dem Trockner um?" zu veranstalten, um Ihren Kindern beizubringen, ihre Wäsche richtig zu waschen. Suchen Sie gegebenenfalls zur Vorbereitung auf der Homepage Ihres Lieblingswaschpulvers nach weiteren Tipps, wie man richtig wäscht.

Wenn Sie den Eindruck haben, dass Ihre Kinder alt genug sind (Faustregel: wenn sie die Bedienungstasten erreichen können), dann laden Sie sie doch zu Ihrem Seminar ein. Teilen Sie Papier und Stifte zum Mitschreiben aus und präsentieren Sie Ihren Kindern Sprays, Vorwaschmittel, Waschpulver und Weichspüler. Stellen Sie ihnen so langsam, dass sie mitschreiben können, ein Produkt nach dem anderen vor, und zeigen Sie ihnen, wie es verwendet wird.

Dann erläutern Sie ihnen, wie Waschmaschine und Trockner bedient werden. Weisen Sie sie darauf hin, wie die Farben sortiert werden und wie viel Wäsche in eine Maschine passt. Zeigen Sie ihnen die verschiedenen Programme beider Maschinen, und erklären Sie ihnen anschließend, wie man das Flusensieb reinigt. Erinnern Sie sie zum Schluss daran, dass sie nicht zögern sollten, um Hilfe zu bitten – am besten, bevor der Keller unter Wasser steht.

Eine Tabelle mit Anweisungen für die verschiedenen Stoffe und Farben ist eine nette Art, Ihre Familie daran zu erinnern, wie sie jedes Kleidungsstück korrekt waschen können. Hängen Sie diese Auflistung über der Waschmaschine auf, und ergänzen Sie sie durch den Hinweis, dass sie ihre Kleidung nie länger als eine Stunde in der Waschmaschine oder im Trockner liegen lassen dürfen.

Mama und Papa werden nicht immer da sein, um fleckige Hemden und schmutzige Kleider zu reinigen. Wenn Sie Ihren Kindern beibringen, das „Wäschespiel" erfolgreich zu spielen, ermöglichen Sie ihnen dadurch einen großen Schritt in Richtung Selbstständigkeit.

17 Besuchen Sie mit Ihren Kindern ein Seniorenheim

Sie sind schon tausend Mal daran vorbeigefahren und haben sich vielleicht sogar gefragt, wie es sein mag, in diesem gepflegten weißen Gebäude zu leben. Zweifellos ist dieses Seniorenheim äußerlich hübsch anzusehen, aber sind die Bewohner wirklich glücklich? Sie haben vielleicht noch nie angehalten, um nachzufragen oder sich zu informieren, wie Sie eventuell helfen könnten. Jetzt ist die Zeit gekommen, um zur Tat zu schreiten und die Art und Weise, wie Ihre Kinder „alte Leute" sehen, für immer zu verändern.

Wenige Kilometer von Ihrem Haus entfernt befinden sich die klügsten Geister und die traurigsten Augen, denen Sie je begegnen werden. Die Bewohner von Senioren- und Pflegeheimen sind oft einsam. Die guten Vorsätze von Freunden und Angehörigen, häufig zu Besuchen vorbeizukommen, schwinden unter dem Druck des Alltagstrotts. Daher sind die Betreffenden meist hocherfreut, wenn sie hören, dass sich jemand die Zeit genommen hat, ihre Lieben zu besuchen, wenn sie selbst es nicht schaffen.

Sie und Ihre Kinder haben die Chance, zu diesem freundlichen Familienersatz zu werden. Vereinbaren Sie einen Besuch, und gönnen Sie sich das Vergnügen, einem anderen Menschen Freude zu bereiten. Viele Seniorenheime freuen sich über Besucher, und zwar nicht nur, wenn sie kommen, um Weihnachtslieder zu singen, sondern auch an Wochenenden, an denen die Abwesenheit der Angehörigen besonders spürbar ist. Vielleicht dürfen Sie sogar ein zahmes Haustier mitbringen; es lohnt sich auf jeden Fall, nachzufragen. Auch das ist eine großartige Möglichkeit, den Bewohnern ein Lächeln auf ihr Gesicht zu zaubern.

Sie und Ihre Familie können die Last eines einsamen, neuen Freundes erleichtern und dabei auch sich selbst etwas Gutes tun – einfach dadurch, dass Sie erzählen, zuhören, ein Bild, eine selbst gebastelte Karte oder auch ein kleines Geschenk mitbringen. Wahrscheinlich werden Sie ein paar interessante Menschen kennenlernen und schon beim Weggehen überlegen, wann Sie wiederkommen können.

Wenn Sie Ihren Kindern beibringen, alte Menschen wertzuschätzen, geben Sie ihnen damit einen kostbaren Schatz mit auf den Weg. Denn wenn sie diese alten Menschen sehen, dann wird ihnen das dabei helfen zu erkennen, dass Gott in jeder Phase ihrer Lebensreise bei ihnen sein wird.

18 Sagen Sie einem Polizisten „Danke"

Eine dankbare Einstellung gehört zu den wertvollsten Eigenschaften, die Ihre Kinder sich aneignen können. Aber es ist kein Charaktermerkmal, das leicht zu entwickeln ist. Vor allem Teenager wehren sich oft sehr nachdrücklich dagegen, echte Dankbarkeit zum Ausdruck zu bringen. Lassen Sie sich davon nicht abschrecken, sondern greifen Sie stattdessen zu verschiedenen Strategien, um Ihren Kindern diese wichtige Lektion beizubringen.

Beginnen Sie damit, Gott und Ihrem Ehepartner im Beisein Ihrer Kinder zu danken. Etwas vorzuleben ist besser, als nur darüber zu sprechen. Und achten Sie darauf, sich bei Ihren Kindern immer wieder ausdrücklich zu bedanken. Schenken Sie auch der kleinsten Geste Anerkennung.

Ebenso wichtig ist, Ihren Kindern zu zeigen, dass Sie auch denjenigen danken, die nicht zum Familien- und engeren Bekanntenkreis gehören: zum Beispiel denjenigen, deren Aufgabe es ist, sich für das Wohlergehen anderer einzusetzen – Polizisten, Feuerwehrleuten, Krankenschwestern oder technischen Einsatzkräften. Nehmen Sie sich in Anwesenheit Ihrer Kinder die Zeit, ab und zu solche Menschen anzusprechen, um ihnen für ihr Engagement und die persönlichen Opfer zu danken, die ihr Beruf ihnen möglicherweise abverlangt: Wochenendarbeit, Gefahren für Leben und Gesundheit und Verzicht auf mancherlei Annehmlichkeiten. Falls Ihre Kinder immer noch nicht Sinn und Zweck von Dankbarkeit verstanden haben, dann versuchen Sie sich mit der Familie eines Bereitschaftspolizisten oder eines Rettungssanitäters anzufreunden. Sorgen Sie dafür, dass Ihre Kinder selbst die Möglichkeit haben, sich über die besonderen Schwierigkeiten zu informieren, die jene Berufe mit sich bringen.

Sie können aber auch etwas anderes Praktisches tun: Bringen Sie zum Beispiel den Mitarbeitern der Müllabfuhr, die an einem heißen Sommertag durch Ihr Wohnviertel fahren, ein erfrischendes Getränk. Dadurch sagen Sie deutlicher als durch viele Worte, wie sehr Sie es schätzen, dass durch den Einsatz der Müllabfuhr die Straßen in Ordnung und Krankheiten und Seuchen von Ihrem Wohngebiet ferngehalten werden.

Vielleicht müssen Sie diese Dinge in regelmäßigen Abständen wiederholen, bis Ihre Kinder verstehen, was getan wird, um ihnen ein Leben in Freiheit und Sicherheit zu gewährleisten. Aber der Einsatz lohnt sich, denn letztlich werden sie dahin kommen, aufrichtige Dankbarkeit zu empfinden. Diese Charaktereigenschaft wird ihre Beziehung zu Gott und zu ihren Mitmenschen verbessern und ihnen ihr Leben lang von Nutzen sein.

19

Besuchen Sie ein Museum und überlassen Sie die Wahl des Museums Ihren Kindern

Ein Museumsbesuch sollte nicht nur Eltern, sondern auch Kinder begeistern. Die richtige Einstellung könnte ihn zu einem Abenteuer machen, das ihr Leben verändert.

Um den Tag kindgerechter zu gestalten, lassen Sie Ihre Kinder gemeinsam entscheiden, welches Museum Sie miteinander erkunden wollen. Wie oft Sie auch hingehen mögen, Sie werden jedes Mal wieder etwas Neues finden, das Ihre Fantasie anregt. Ein Anruf oder ein Blick ins Internet wird Sie darüber informieren, ob es spezielle Programme für Familien gibt oder wann besonders interessante Vorträge oder Führungen stattfinden.

Wenn Sie im Museum ankommen, suchen Sie eine Übersichtskarte der Exponate, weisen Sie auf die Toiletten und Trinkwasserbrunnen hin und überlassen Sie Ihren Kindern die Führung. Folgen Sie ihnen einfach, und unterdrücken Sie Ihr natürliches Verlangen, selbst die Leitung zu übernehmen. Sie werden nicht nur Neues über Geschichte, Kunst oder Wissenschaft erfahren. Sie werden auch Dinge entdecken, die Sie an

Ihren Kindern vielleicht noch nie bemerkt haben: was ihre Gedanken anregt, was sie berührt, worüber sie gern mehr erfahren würden.

Die Entdeckungsreise beginnt damit, dass man Entscheidungen trifft. Das Museum wird zahlreiche Wahlmöglichkeiten anbieten. Wenn Ihr Kind sich überlegt, was es interessiert (oder nicht interessiert), lässt dies immer auch Rückschlüsse auf seine Persönlichkeit zu.

Um diese Erfahrung noch bereichernder zu gestalten, könnten Sie jedem Kind einen Gegenstand aus dem Museumsladen kaufen. Helfen Sie ihm, ein Buch oder einen Gegenstand auszuwählen, durch das es noch mehr über sein neues Interessengebiet lernt und das bloße Neugier in echte Begeisterung verwandeln könnte.

Gott hat Ihren Kindern viele Gaben gegeben. Als Eltern haben Sie die heilige Pflicht, ihnen dabei zu helfen, herauszufinden, in welcher Richtung sie sich nach Gottes Plan entwickeln sollen. Letztlich ist dies jedoch eine Entscheidung, die Ihre Kinder selbst treffen müssen. Als Eltern können Sie Vorschläge machen und Möglichkeiten anbieten, aber am Ende müssen Sie Ihren Kindern zugestehen, ihren eigenen Weg zu finden und selbst zu entdecken, wie sie ihre persönlichen Fähigkeiten am besten einsetzen können.

20 Lassen Sie Ihre Kinder an Ihrem Leben teilhaben

Dieser Vorschlag wird Eltern von ganz kleinen Kindern sicher skurril vorkommen, da sie sowieso rund um die Uhr mit den Kindern zusammen sind. Aber schon im Kindergarten geht es los, dass man die Kontrolle verliert. Die Kinder lernen Geschichten, Lieder, Gedanken kennen, die den eigenen vielleicht widersprechen. Natürlich müssen Kinder ein eigenständiges Leben führen, aber es lohnt sich, davon möglichst viel mitzubekommen. Gerade im Kindergarten ist es oft möglich, bei Ausflügen teilzunehmen und so die Freunde der Kinder besser kennenzulernen. Auch in der Schule schätzen es viele Kinder, wenn die Eltern bei Weihnachtsfeiern oder Theatervorführungen dabei sind. Versuchen Sie, so oft wie möglich Sportwettkämpfe oder Konzertauftritte Ihrer Kinder als Publikum zu unterstützen. Zeigen Sie einfach Interesse an dem, was Ihr Kind tut. Finden Sie heraus, welchen Musikstil es bevorzugt, welche Bücher es liest, welche Menschen es mag und andere wiederum nicht so gerne.

Gleichzeitig ist es gut, wenn Sie Ihre Kinder an Ihrem Leben teilhaben lassen. Kinder schätzen es, wenn sie wissen, was Eltern machen, wenn sie nicht bei ihnen sind. Wenn es möglich ist, sollten sie den Arbeitsplatz der Eltern besuchen und dabei deren Tätigkeitsfeld und auch deren Kollegen kennenlernen. Falls Sie einem Hobby nachgehen, dann versuchen Sie doch einmal, die Kinder mitzunehmen, damit diese eine Vorstellung davon bekommen, was Sie in Ihrer Freizeit gerne tun. Wenn ein kleines Kind hört, dass seine Mutter abends zum Turnen geht, dann hilft es ihm zu sehen, wie sie zur Musik hüpft. Das kann ein Anknüpfungspunkt sein, um dem Kind von der eigenen Vergangenheit zu berichten, denn womöglich haben Sie auch schon gerne geturnt, bevor Sie Kinder hatten. Lassen Sie Ihre Kinder an Ihrer Vergangenheit teilhaben, indem Sie ihnen Dias oder Filme von früher zeigen, gemeinsam Urlaubsalben ansehen oder einfach viel von früher erzählen. Durch den Austausch wachsen Vertrauen und Offenheit. Wenn Sie den Kindern von sich, Ihren Fehlern und Sorgen berichten, dann fällt es ihnen leichter, eigene Schwächen zuzugeben.

21 *Besuchen Sie einen Zoo*

Haben Sie schon mal einen Gorilla schnarchen gehört oder zugeschaut, wie Elefanten sich gegenseitig mit ihrem Rüssel Wasser über den Rücken spritzen? Einen mächtigen Löwen, ein graziöses Nashorn oder eine galoppierende Giraffe zu sehen macht den Besuch im Zoo zu einem unwiderstehlichen Erlebnis. Diese Tiere zu besuchen ist ein Abenteuer, das Ihnen die Möglichkeit bietet, die unglaublichen Auswüchse von Gottes erstaunlicher Fantasie zu bestaunen. Erklären Sie Ihren Kindern, dass nur er diese wilden, verrückten Tiere erschaffen konnte, die Sie als Familie jetzt im Zoo beobachten können.

Der Besuch im Zoo kann auch mal ganz anders aussehen. Viele Zoos bieten Übernachtungspakete an, die Kindern die Möglichkeit geben, sich in unmittelbarer Nähe einer Python in ihren Schlafsack zu kuscheln – natürlich sicher hinter einer Glaswand. (Die Schlange natürlich, nicht Ihr Kind!) Meist sind auch ein leckeres Essen und ein interessanter Unterricht von den Mitarbeitern in diesen Paketen mit inbegriffen. Ihre Kinder werden in einem Umfeld einschlafen, an das sie sich ihr Leben lang erinnern werden. Nehmen Sie Kontakt zu einem Zoo in der Nähe auf, und informieren Sie sich über die Aktivitäten, die dort angeboten werden.

Welches Kind wäre nicht begeistert, wenn es beim Aufwachen Tiger auf und ab schreiten hören würde? Ebenso wie Sie selbst würde es sich bestimmt fragen, ob sie wohl schon ihren Mitternachtsimbiss zwischen die Reißzähne bekommen haben. Seien Sie beruhigt; wahrscheinlich haben sie bereits gefressen. Und wenn nicht, werden die Zoowärter Ihren Kindern vielleicht sogar anbieten, beim Füttern zu helfen – natürlich unter strenger Aufsicht.

Gott hat seine Kreativität nicht damit erschöpft, all die verschiedenen Tiere zu erschaffen. Auch für Ihr Kind ist eine gehörige Portion übrig geblieben. Ein Besuch im Zoo lehrt Kinder, dass jede Giraffe ihr eigenes Fleckenmuster hat und jedes Zebra ganz einzigartige Streifen. Es gibt keine zwei Tiere, die identisch aussehen.

Ein Besuch oder eine Nacht im Zoo bietet Ihren Kindern eine großartige Möglichkeit zu erkennen, dass auch sie selbst absolut einzigartige Geschöpfe sind.

22 Veranstalten Sie einen „Matschtag"

Können Sie sich noch daran erinnern, wie es sich angefühlt hat, von oben bis unten dreckig zu sein? Wenn nicht, dann wird es höchste Zeit für einen „Matschtag". Diese Aktivität eignet sich vor allem für warme Sommertage, an denen der Gartenschlauch in der Nähe ist, um die Spuren zu entfernen. Vorher sollten Sie aber fotografisch festgehalten werden! Außer mit richtigem Matsch aus Erde und Sand macht es auch Spaß, sich mit Finger- oder Wasserfarben zu bemalen. Wer sich nicht auf eine Ganzkörperbepinselung einlassen möchte, kann erst einmal mit einem Besuch in einem Barfußpark beginnen oder ihn selbst im Garten anlegen. Wasser mit Grasschnitt gemischt fühlt sich einfach seltsam an!

Bei schlechtem Wetter muss der „Matschtag" nicht ausfallen. Aktionen wie Kneten, Töpfern oder Backen eignen sich hervorragend, um auch im Haus mit „Matsch" in Berührung zu kommen. Auch eine Bastelaktion mit Tapetenkleister macht den Kindern meistens viel Spaß. Dabei spüren sie, wie es ist, schmutzig zu sein, und wie wohltuend sich die Reinigung danach anfühlt. Sie können Ihren Kindern dabei erklären, dass es solche Situationen auch in unserem Leben gibt. Wenn wir zum Beispiel etwas falsch gemacht haben und dadurch „dreckig" sind, können wir dies Gott im Gebet sagen und ihn um Verzeihung bitten. Er vergibt uns und macht uns auf diese Weise wieder „sauber".

Eine ähnliche Erfahrung lässt sich auch durch Verkleiden vermitteln. Stellen Sie alte Kleidungsstücke zur Verfügung und lassen Sie Ihre Kinder sich aus Tüchern, buntem Karton und etwas Fantasie verschiedene Kostüme herstellen. Wenn Ihre Kinder möchten, können Sie sie auch passend zum Kostüm schminken. Sie können Ihren Kindern auch eine Geschichte vorgeben, die sie dann nachspielen. Dabei können sie lernen, wie es ist, wenn man in eine andere Rolle schlüpft, die man aber am Ende der Geschichte wieder ablegen kann. Machen Sie Ihren Kindern deutlich, dass sie sich vor Gott nicht verstellen müssen, sondern dass Gott sie so liebt, wie sie sind.

23 Legen Sie sich ein Haustier zu

Sollte Ihr Garten lieber „Planet der Tiere" heißen? Gibt es in Ihrer Familie einen echten Tierfan? Sie wissen, was ich meine – ein Kind, das an keinem streunenden Hund vorbeigehen kann, ohne ihn zu streicheln und die Arme um ihn zu schlingen. Vielleicht waren Sie selbst einmal ein solches Kind und sind es in Ihrem Herzen immer noch.

Kinder und Tiere gehören zusammen wie Schokoladenpudding und Vanillesoße. Selbst wenn das Kätzchen die Möbel zerkratzt oder der Hundewelpe ziemlich lange braucht, um stubenrein zu werden, ist es für Ihr Kind ein großer Gewinn, wenn Sie ihm ein Haustier kaufen. Falls Sie in Ihrer Wohnung keinen Platz für ein eigenes Haustier haben oder Ihre Kinder erst einmal an den Umgang mit Tieren heranführen möchten, gibt es noch eine andere Möglichkeit: Sie können auch in der Nachbarschaft oder Freunde fragen, ob Ihre Kinder deren Hund einmal spazieren führen dürfen oder ob Ihre Familie auf den Hund aufpassen soll, während der Nachbar oder Freund im Urlaub ist.

Sie können sich auch erkundigen, ob Ihr Kind bei der Pflege von Tieren im Tierheim helfen darf. Möglichkeiten, sich um Tiere verantwortungsbewusst zu kümmern, gibt es viele.

Falls Sie sich aber dazu entscheiden, ein Tier zu kaufen, muss es nicht gleich ein größeres Tier sein, auch ein Meerschweinchen, ein Fisch oder ein Vogel können echte Charaktere sein, wenn Sie sich die Zeit nehmen, auf sie einzugehen. Locken Sie sie aus ihrem Schutzpanzer, sofern Sie nicht gerade einen Einsiedlerkrebs angeschafft haben. Manche Leute behaupten, dass man einer Katze sogar beibringen kann, die Badezimmertoilette zu benutzen! Sie werden es erst wissen, wenn Sie es ausprobieren.

Es dauert nicht lange, bis Haustiere zu Familienmitgliedern werden. Jeder Tierliebhaber kann eine Geschichte davon erzählen, wie sein Hund, seine Katze, sein Meerschweinchen oder welches Tier auch immer ihm intensive Zuneigung bewies, als er gerade besonders niedergeschlagen war.

Ohne Zweifel sind Tiere dazu imstande, Liebe, Angst, Schmerz, Trauer, Einsamkeit und Freude zu zeigen. Erzählen Sie Ihren Kindern, dass Gott jedes Tier liebt, wie klein es auch sein mag. Kein Tier sollte als überflüssig oder „nicht der Mühe wert" betrachtet werden.

Wenn Ihre Kinder sich um ein Tier kümmern dürfen, lernen sie, die Verantwortung für ein anderes Lebewesen zu übernehmen: dafür zu sorgen, dass es frisches Wasser, gesundes Futter und einen sauberen Schlafplatz hat. So helfen sie mit, Gottes großen Zoo zu versorgen. Diese Aufgabe hilft ihnen zu erkennen, welches Band zwischen Mensch und Tier besteht. Sie bekommen ein Gefühl dafür, warum der Schöpfer des Universums jeden kleinen Sperling im Blick hat, der zu Boden fällt.

24 Machen Sie eine virtuelle Reise nach Tokio – oder wohin auch immer!

Früher entfernten sich die Menschen ihr Leben lang nicht weiter als ein paar Kilometer von dem Ort, an dem sie geboren wurden. Ihr Leben spielte sich innerhalb weniger Ortschaften und Quadratkilometer ab. Das ist heutzutage anders. Flugzeuge, Züge, Busse und Autos bringen abenteuerlustige Menschen in Gegenden, die Tausende von Kilometern entfernt sind.

Auch wenn das Reisen heute einfacher geworden ist, gibt es immer noch finanzielle und persönliche Grenzen, die die meisten von uns davon abhalten, Weltmeere zu überfliegen und in ferne Kontinente auszuschwärmen. Aber seit es das Internet gibt, steht Ihnen die ganze Welt offen. Sie und Ihre Kinder brauchen noch nicht einmal einen Reisepass, um herauszufinden, wie das Leben in Tokio ist – oder an jedem anderen Ort Ihrer Wahl.

Es ist eine aufregende Sache, über den eigenen Tellerrand hinauszuschauen und sich an einen Platz zu begeben, an dem eine andere Sprache gesprochen wird, eine andere Kultur vorherrscht, der eine andere Geschichte hat und an dem andere Menschen leben. Mithilfe der virtuellen Reisemöglichkeiten können Sie mit Ihren Kindern die sieben Weltmeere überqueren, ohne nass zu werden. Geben Sie „Tokio" in Ihre Lieblingssuchmaschine ein, und Sie werden auf eine Fülle von Karten, Fotos, Videos und Informationen stoßen, die nur darauf warten, von Ihnen entdeckt zu werden.

Vielleicht inspiriert Sie das Vergnügen, das Sie bei Ihren Online-Erkundungen unseres Planeten von Ihrer sicheren Wohnung aus erleben, sich doch mal eines Tages tatsächlich auf den Weg zu machen. Was für ein toller Familienurlaub könnte das werden!

Auch wenn die verschiedenen Länder sich in Bezug auf Sitten und Gebräuche, Kunst und sogar Essen stark voneinander unterscheiden, werden Ihre Kinder entdecken, dass sich die Menschen in vielen Dingen ähneln. Während sie mithilfe des Internets zu verschiedenen Bestimmungsorten reisen, werden sie auf ähnliche Bedürfnisse stoßen: Liebe, Glück, Wasser, Nahrung und andere grundlegende Notwendigkeiten. Sie werden allmählich begreifen, dass Gottes Liebe nicht nur ihnen gilt, sondern der ganzen Familie der Menschheit.

25 Laden Sie die neue Familie aus Ihrer Nachbarschaft ein und lassen Sie Ihre Kinder kochen

Gastfreundschaft ist eine Kunst, die beinahe in Vergessenheit geraten ist. Aber das muss nicht so bleiben. Helfen Sie Ihren Kindern, Mut zu fassen und Kinder einzuladen, die gerade erst in die Nachbarschaft gezogen sind. Mit ein bisschen Hilfe und Ermutigung entdecken sie vielleicht, dass es eine schöne und lohnende Erfahrung sein kann, auf Unbekannte zuzugehen.

Klingeln Sie mit Ihren Kindern an der Wohnungstür Ihrer neuen Nachbarn. Stellen Sie sich vor und erzählen Sie etwas über Ihre Wohngegend. Ermutigen Sie Ihre Kinder, mit den neuen Nachbarskindern Kontakt aufzunehmen. Auf keinen Fall sollten sie stumm an die Wand starren! Beenden Sie Ihren Besuch damit, dass Sie die Familie zum Essen einladen. Wenn sie die Einladung annehmen, haben Sie gewonnen. Aus Fremden werden oft einfach dadurch Freunde, dass sie miteinander eine liebevoll zubereitete Mahlzeit zu sich nehmen.

Wenn Sie wieder zu Hause sind, dann beziehen Sie Ihre Kinder doch in die Planung des Menüs ein. Vielleicht sollten Sie noch kurz anrufen und sich erkundigen, ob es irgendetwas gibt, das Ihre neuen Nachbarn nicht vertragen oder nicht mögen. Dann können Sie Ihren Kindern bessere Tipps geben, was sie kochen könnten. Ja, kochen! Gastfreundschaft zu lernen bedeutet mehr, als sich bei einer Party blicken zu lassen und die Gäste zu begrüßen. Die Bemühungen hinter den Kulissen sind ganz wesentlich. Ihre Kinder sollten nicht nur bei der Planung behilflich sein, sondern auch mit Ihnen einkaufen gehen, den Tisch dekorieren, Tischkarten basteln, das Haus oder die Wohnung putzen, den Tisch decken – und schon stehen im Handumdrehen die Besucher vor der Tür.

Die Bibel berichtet davon, wie Menschen, denen wir begegnen, sich als verkleidete Engel erweisen können. Stellen Sie sich einmal vor, was für ein Gesicht Ihre Kinder machen würden, wenn das geschähe! Aber das sollte nicht Ihr Ziel sein. Jeder fühlt sich ab und zu allein und manchmal auch abgelehnt. Sie und Ihre Kinder können das ändern. Einen Fremden willkommen zu heißen lehrt Ihre Kinder, ein offenes Herz für andere zu bekommen. Und wenn Ihre Gäste sich als Engel erweisen, bitten Sie sie nächstes Mal, den Kuchen mitzubringen.

26 Sprechen Sie mit Ihren Kindern über den Tod und den Himmel

Der einzige Weg zum Himmel führt durch die Tür des Todes – eine Wahrheit, die viele von uns sich auszusprechen scheuen. Wir würden lieber nicht darüber reden, was geschieht, wenn wir unsere irdischen Augen für immer schließen. Aber für jeden Menschen kommt einmal der Tag, an dem er die Wahrheit über den Himmel am eigenen Leibe erfahren wird. Und so gern wir unsere Kinder davor abschirmen möchten, wir können diese Tatsache nicht für immer vor ihnen verbergen.

Irgendwann wird ein Großvater, eine Lehrerin, ein Freund oder eine Nachbarin Ihres Kindes sterben. Dann werden Sie versuchen, ihm inmitten dieser emotionalen Krise Hoffnung und Verständnis zu vermitteln. Vor diesem Hintergrund wäre es viel besser, dieses sensible Thema anzusprechen, bevor die Realität an die Tür klopft.

Erklären Sie Ihren Kindern, dass der Tod unvermeidlich ist, dass aber danach das ewige Leben kommt. Zur festgesetzten Zeit holt Gott uns nach Hause und ein neues Abenteuer beginnt.

Wir werden ihn von Angesicht zu Angesicht sehen, ein paar Fragen stellen und schließlich einige der Geheimnisse verstehen, mit denen wir uns hier auf Erden herumgeschlagen haben. Lesen Sie miteinander in der Bibel, zum Beispiel einen Abschnitt aus dem 14. Kapitel des Johannesevangeliums. Dort wird berichtet, wie Jesus seine Jünger auf seinen Tod vorbereitet hat. Sagen Sie Ihren Kindern, dass der Tod für diejenigen, die an Jesus glauben, nicht viel mehr ist als eine vorübergehende Trennung.

Die Jahre fliegen vorbei. Je älter wir werden, desto mehr begreifen wir, dass wir selbst der Ewigkeit nur ein kleines Stück näher sind als unsere Kinder. Nach und nach werden sie ihre Urgroßeltern, ihre Großeltern und schließlich auch uns verlieren.

Von Gottes Perspektive aus betrachtet ist unser Leben vorbei, kaum dass es begonnen hat. Glücklicherweise hat er für jeden Menschen, der ihm vertraut, eine Wohnung vorbereitet, einen wunderbaren Ort, an dem es keine Angst und keine Tränen mehr gibt und an dem der Tod seine Macht verloren hat. Einen Ort, an dem es alle paar Sekunden ein Wiedersehen gibt und an dem Herzen für immer frei sind. Im Himmel bricht die Zeit an, in der es keine Zeit mehr gibt.

27 Singen Sie das Familienlied – immer und immer wieder!

Jede Familie braucht ein Lieblingslied – sei es „Zwischen Berg und tiefem, tiefem Tal" oder „Wenn der Topf aber nun ein Loch hat". Kinder lieben es, einfache Lieder zu singen. Immer und immer wieder. Denken Sie nur an Ihre letzte lange Autofahrt. Angenommen, Sie hätten die Aufmerksamkeit Ihrer Lieben gehabt und alle hätten ihre Kopfhörer abgenommen. Dann hätten Sie „Schlaf, Kindchen, schlaf" singen können, um ein weinendes Baby zu beruhigen, „Eisgekühlte Coca-Cola", um nachmittägliche Durstgefühle zu vertreiben, und „Heute hau'n wir auf die Pauke", um den Fahrer wach zu halten.

Ein besonders kreatives Team würde vielleicht ein ganz persönliches Familienlied erfinden. Nehmen Sie einfach eine bekannte Melodie und versehen Sie sie mit einem eigenen lustigen Text. Beauftragen Sie die offizielle „Familiensekretärin" damit, es zu notieren, damit die entstandenen Geistesblitze nicht vergessen werden.

Wenn Sie der Meinung sind, dass es ein bisschen viel verlangt ist, einen eigenen Text zu verfassen, dann können Sie ja auf ein altes Liederbuch zurückgreifen. Oder Sie legen einfach eine CD mit Kinderliedern auf und singen fröhlich mit. „Es tanzt ein Bi-Ba-Butzemann", „Ein Männlein steht im Walde" oder „Die Vogelhochzeit" – innerhalb kurzer Zeit haben Sie ein ganzes Repertoire von Kinderlieder-Klassikern, aus dem Sie auswählen können, damit die nächste Autofahrt mit der Familie ein bisschen kurzweiliger wird.

Singen ist Balsam für die Seele aller Kinder, gleichgültig, wie alt sie sind. Es macht fröhlich und überschwänglich und darum macht es so viel Spaß. Und auch wenn Kritiker Ihren fröhlichen Lärm als „Gejaule" bezeichnen sollten – lassen Sie sich nicht beirren. Sie und Ihre Kinder brauchen keine Opernstars zu sein, um Freude an einem Familienlied zu haben. Auch diejenigen, die so unmusikalisch sind wie eine Blechkanne, können mitsingen und das Gefühl genießen, als Familie etwas gemeinsam zu tun.

28 Machen Sie aus jedem Familienereignis einen Fototermin

„Alle mal lächeln, bitte!" Zeit für den Fotoapparat! Wann haben Sie das letzte Mal eine Filmrolle eingelegt oder mit der Digitalkamera alle Personen festgehalten, die Ihnen vor die Linse gekommen sind? Verrückte Gesichter, alberne Verrenkungen, Hasenohren hinter Gesichtern? Erlaubt ist, was gefällt.

Einschlägige Tipps für tolle Fotos finden Sie mithilfe einer Suchmaschine im Internet oder in diversen Büchern zum Fotografieren und zum Umgang mit Digital- oder Spiegelreflexkameras. Hier ist aber schon mal ein Tipp, der garantiert funktioniert: Platzieren Sie Ihre Kinder vorn in der Mitte, und hocken Sie sich hin, damit Sie auf gleicher Höhe sind. Dann sind Sie auf dem besten Wege, richtig gute Porträtfotos zu schießen.

Vergessen Sie alle gestellten Posen, wenn Sie eingefrorenes Lächeln, Blinzeln, Rippenstöße, Kneifen oder Weinen vermeiden wollen. Fotografieren Sie das Leben so, wie es passiert, und freuen Sie sich über die Resultate, wie sie auch aussehen mögen. Seien Sie ganz entspannt, dann wird Ihre Familie es auch sein.

Große familiäre Ereignisse bieten Ihnen die Möglichkeit, für Ihre Kinder ein Archiv mit Bildern von Freunden und Angehörigen anzulegen. Beteiligen Sie die Kinder daran, Erwachsene zum Lächeln zu bringen und dazu zu überreden, schmollende Gesichter in grinsende Mienen zu verwandeln. Ihre Kinder werden es genießen, zur Abwechslung mal Seite an Seite mit dem Fotografen zu arbeiten. Bestimmen Sie eine Person, die dafür sorgt, dass die neuen Bilder auf der Rückseite mit den entsprechenden Namen und Daten versehen werden. Diese kleine Aufgabe wird Ihnen später viel Herumrätseln ersparen.

Manchmal setzen wir uns selbst und unsere Kinder unter Druck, mit den anderen scheinbar perfekten Familien Schritt zu halten. Damit verschwenden wir nur unsere Zeit. Schließlich sehen unsere Kinder uns ohne unsere Masken. Also helfen Sie ihnen, sich nicht länger von der Vorstellung stressen zu lassen, sie müssten die niedlichsten, artigsten und bestgekleideten Kinder sein, die je ein Foto geziert haben. Gott nimmt uns mit all unseren Fehlern und Schwächen an. Eine liebevolle Familie macht es genauso. Sie brauchen nicht vollkommen zu sein, um sich in Gottes Liebe zu sonnen, und Ihre Kinder auch nicht.

29 Laufen Sie durch den Rasensprenger – in voller Montur!

Auf die Plätze – fertig – los!

Wenn Sie ein eher vorsichtiger Mensch sind, können Sie Ihre Brieftasche weglegen oder Ihre Handtasche an der Haustür lassen, bevor Sie sich den spritzenden Wasserstrahlen aussetzen. Ansonsten ziehen Sie sich einfach waschbare Freizeitkleidung an und begeben Sie sich in den Garten. Beginnen Sie damit, Hand in Hand mit Ihren Kindern auf das Wasser zuzugehen, und lassen Sie alle raten, wen es zuerst erwischt – und wo!

Wenn Sie den ersten Schock überwunden haben, stürzen Sie sich ins Abenteuer. Rennen Sie abwechselnd durch den Wasserstrahl. Helfen Sie Ihrem jüngsten Mitstreiter, den Sprung über den Rasensprenger zu schaffen. Lassen Sie es aber nicht bei einem Durchgang bewenden; springen und hüpfen Sie mit Ihren Kindern, bis alle komplett nass sind.

Ihre Kinder werden über diesen Unsinn Bauklötze staunen. Und sie werden von Ihrer „coolen" Idee begeistert sein. Wenn sie mit einer solchen Aktion nicht gerechnet haben, ist es besonders lustig, und Ihre Kinder werden sich fragen: „Was in aller Welt wird unseren Eltern als Nächstes einfallen?"

Und welchen Sinn hat dieses lustige Abenteuer? Ihre Kinder können dadurch lernen, für alles bereit zu sein. Wir müssen tagtäglich offen dafür sein, unsere Pläne zu ändern. Nur Gott weiß, was am besten für uns ist. Und manchmal kommen unserem menschlichen Verstand seine Vorstellungen von dem, was richtig für uns ist, vielleicht genauso sinnvoll vor, wie in voller Montur durch den Rasensprenger zu springen.

Das gehört einfach zum Abenteuer des Lebens. Gottes Pläne beinhalten oft Sachen, mit denen wir nie gerechnet hätten. Wenn Sie trotzdem seinen Plänen gehorchen, werden Sie neue Dinge über sich selbst entdecken – wunderbare Dinge. Und Ihre Kinder auch. Und durch den Rasensprenger-Spaß werden sie entdecken, wie es ist, kühl und erfrischt zu sein, völlig durchnässt und glücklich und bereit für alles, was als Nächstes auf sie zukommen mag.

30 Finden Sie heraus, was Ihre familiären Grundwerte sind

Politiker kramen ihre Grundwerte hervor, wann immer eine Wahl vor der Tür steht. Sie und Ihre Kinder werden hören, wie Herr oder Frau Soundso sagen, dass „viel mehr getan werden sollte, um die Familie zu stärken" (was auch immer das heißen mag).

Aber wenn Sie sich im alltäglichen Trott befinden und versuchen, über die Runden zu kommen, bekommen die „familiären Grundwerte" eine ganz andere Bedeutung. Sie verzichten auf etwas, damit Ihre Kinder ein Paar neue Schuhe bekommen können. Sie legen eine Sonderschicht ein, um Weihnachtsgeschenke zu kaufen. Sie verzichten auf Ihre Freizeit, um ihnen bei den Hausaufgaben zu helfen. Sie sind bereit, die Bedürfnisse Ihrer Kinder über Ihre eigenen zu stellen.

Kinder begreifen, dass sie Ihnen wichtig sind, wenn Sie Zeit mit ihnen verbringen, auf ihre Fragen antworten und auf ihre Bedürfnisse eingehen. Wenn Sie Ihre Kinder an die erste Stelle setzen, dann vertreibt das Ihre eigene Selbstsucht. Sie hat keinen Raum mehr, wenn Ihnen Ihre Kinder wirklich etwas bedeuten. Sie wissen, dass Sie da sein werden, um ihnen zu helfen, wenn sie Sie brauchen, weil Sie ihr Bestes wollen – was nicht immer das sein muss, was sie sich wünschen.

Es ist ein Paradox: Kinder spüren den großen Unterschied zwischen Eltern, die das Richtige sagen, und denen, die ihre Worte auch durch ihr Handeln bekräftigen. Genau das meint der Ausdruck „familiäre Grundwerte" wirklich: Liebe in Verbindung mit der erforderlichen Strenge. Kein Vater und keine Mutter liebt es, Regeln festzulegen. Doch ohne Ihre Bereitschaft, das Richtige zu tun, auch wenn es hart ist, werden Ihre Kinder den Eindruck haben, dass Sie nicht zu dem stehen, was Sie sagen.

Wenn Sie Ihre Kinder an die erste Stelle setzen, zeigen Sie ihnen, wie wichtig es ist, die Bedürfnisse anderer vor ihre eigenen zu stellen. Nehmen Sie die Regel „Behandle andere so, wie du selbst behandelt werden möchtest", und wenden Sie sie großzügig auf Ihre Kinder an. Sie werden sich in Gottes Augen wertvoll fühlen, wenn sie wissen, dass sie in Ihren Augen wertvoll sind.

31 Legen Sie miteinander ein Puzzle mit 1.000 Teilen

18.000: So viele Teile hat eines der kompliziertesten und frustrierendsten Puzzles, die derzeit auf dem Markt erhältlich sind. Begeisterte Puzzle-Fans lecken sich angesichts dieser Vorstellung die Finger. Sagen Sie Ihren Kindern, dass Sie es ihnen leicht machen wollen, und kaufen Sie nur ein 1.000-teiliges Puzzle, um es gemeinsam mit ihnen zu legen.

Reservieren Sie einen speziellen Tisch nur zum Puzzeln. Das gibt Ihnen die Möglichkeit, eine Zeit lang zu arbeiten und dann eine Pause einzulegen, wenn Sie viereckige Augen bekommen. Sie und Ihre Kinder werden von Begeisterungsstürmen gepackt werden, wenn Sie im Handumdrehen passende Teile finden, und wütend und frustriert sein, wenn Sie stundenlang herumprobieren und einfach nicht vorwärtskommen. Hier ist ein Tipp: Bringen Sie Ihren Kindern bei, die Teile nach Farben zu sortieren und als Erstes den Rand zu legen, damit Ihr Meisterstück einen Rahmen hat.

Auch wenn es nicht danach aussieht, bis die allerletzten Teile an ihrem Platz sind – irgendwann wird das Puzzle fertig sein. Und während Sie miteinander darauf warten, dass das geschieht, haben Sie eine wunderbare Möglichkeit, mit Ihren Kindern ganz locker und entspannt über alle möglichen Themen zu reden. Sie sitzen einfach da, stecken die Köpfe zusammen und versuchen, Ihr Puzzle fertigzustellen. Wenn dabei ein interessantes Gespräch zustande kommt, ist das ein Geschenk, ein Segen.

Das Wunderbare am Puzzeln ist, dass es das Gehirn trainiert, ohne die Gedanken zu fesseln. Es verlangt Ihre Aufmerksamkeit und beflügelt gleichzeitig Ihr Denkvermögen. Und es ist eines der wenigen „Gesellschaftsspiele", die die Zusammenarbeit unter den Spielern fördern. Umso mehr Grund, Ihren Puzzletisch zu einem Platz für spontanes Geben und Nehmen zu machen.

Also ziehen Sie die Stühle heran, öffnen Sie den Karton, und schütten Sie die Teile auf den Tisch. Es ist Zeit, dass Sie sich auf Augenhöhe mit Ihren Kindern begeben!

32 Umarmen Sie Ihre Kinder, bis sie Sie von selbst loslassen

Haben Sie schon mal eine einseitige Umarmung erlebt? Sie können es gar nicht erwarten, Freunde oder Angehörige zu umarmen. Sie schlingen die Arme um sie und hoffen auf eine entsprechende Reaktion. Stattdessen bringen sie durch ihre Körpersprache zum Ausdruck: „Bist du bald fertig?" Diese Zurückweisung gibt Ihnen das Gefühl, sich unter der Decke verkriechen zu wollen. Für Eltern kann das eine recht alltägliche Erfahrung sein.

Wenn Ihre Kinder klein sind, winden sie sich vielleicht aus Ihren Armen heraus, damit sie schnell wieder spielen gehen können. Und wenn Ihre Kinder Teenager sind, gehen Sie möglicherweise durch eine „Dürreperiode" hindurch, in der Umarmungen so selten sind, dass man die Tage rot im Kalender anstreichen kann. Aber dann und wann wird Ihr Kind doch ein bisschen mehr brauchen. Sie werden spüren, dass die Arme, die um Ihren Hals geschlungen sind, gar nicht mehr loslassen wollen. Und Sie werden merken, dass Ihr Kind im Innersten begriffen hat, dass Eltern eine reiche Quelle für den Trost und die Bestätigung sind, die sie so dringend brauchen. Ihre Kinder werden sich auch freier fühlen, wenn sie sehen, dass Sie und Ihr Ehepartner sich umarmen. Sie geben die Richtung vor, deshalb seien Sie Ihren Kindern ein gutes Beispiel. Vielleicht möchten Sie auch die Gewohnheit einführen, sich gegenseitig zu umarmen, bevor Ihre Familie tagsüber aus dem Haus oder abends zu Bett geht.

Wenn Ihre Kinder Sie umarmen, dann betrachten Sie das als besonderes Geschenk. Und was auch immer Sie tun, lassen Sie sie erst los, wenn Ihre Kinder *Sie* loslassen. Überlassen Sie Ihren Kindern die Führung. Lieben Sie sie einfach. Drängen Sie sie nicht, betteln Sie nicht, und nerven Sie sie nicht damit, umarmt werden zu wollen. Gott tut das nicht und wir sollten es auch nicht tun.

Umarmungen können nicht erzwungen werden. Wenn das geschieht, gehen die Freude und die Spontaneität verloren. Aber es gibt besondere Momente, in denen Sie glücklich sind, ein Vater oder eine Mutter zu sein: Denn es gibt nichts Tolleres als eine „Bärenumarmung", die Sie um Luft ringen lässt und die gar nicht mehr aufzuhören scheint.

33 Führen Sie ein Theaterstück auf

Stellen Sie sich einmal bildlich vor, wie Ihre Kinder in Löwenkostümen herumtoben, während Sie „Hakuna Matata" schmettern, wie nur Sie es können. Oder Sie und Ihr(e) Partner(in) spielen Shakespeares unglückliche Liebende Romeo und Julia, während Ihre Kinder die Scheinwerfer einstellen und leise die Hintergrundmusik summen. Oder vielleicht spielen Sie einfach eine Kurzform von „Gullivers Reisen" mit Marionetten nach.

In welchem Ausmaß Sie und Ihre Kinder die Talente ausleben, die Gott Ihnen mitgegeben hat, hängt nur von Ihrer Fantasie und Ihrer Experimentierfreude ab. In Ihrer Stadtbibliothek können Sie Drehbücher, Theaterstücke und Sketche finden, die Sie nachspielen können. Beziehen Sie Ihre Kinder mit ein, wenn Sie eine endgültige Auswahl treffen wollen.

Eine andere Möglichkeit ist, „Märchen schreibt die Zeit" aus „Die Schöne und das Biest" (oder irgendein anderes Lied aus einem bekannten Film) wieder und wieder anzuhören, bis Sie es auswendig können. Stellen Sie sich dann Ihre Kostüme aus der Verkleidungskiste zusammen, und suchen Sie sich die Requisiten, die Sie benötigen.

Aber bevor Sie der Presse Bescheid geben, nehmen Sie sich genug Zeit zum Üben. Auch wenn Sie nicht im Entferntesten daran denken, am Broadway aufzutreten, müssen Sie enorm viel Einsatz aufbringen. Üben Sie Ihre Sätze, bis alle Familienmitglieder sie im Schlaf können. Jüngere Kinder können ebenso gut auswendig lernen wie ältere, und vielleicht entdecken Sie, dass Sie ein echtes Schauspieltalent in der Familie haben.

Nehmen Sie sich Zeit, um an der Körpersprache, dem Gefühlsausdruck und der Aussprache zu arbeiten. Auch wenn das Üben Freude machen soll und jede Verbissenheit fehl am Platz ist, lassen Sie Ihre Kinder begreifen, dass die Dinge, die im Film so leicht und locker wirken, mit viel Arbeit verbunden sind. Ihre Kinder werden merken, dass manchmal Sachen schiefgehen können.

Im wirklichen Leben führt schlechtes Timing zu verletzten Gefühlen und stiftet Verwirrung. Gott lässt Menschen oft in Stücken mitspielen, die sie nicht selbst inszeniert haben. Ob in der Schule oder am Ausbildungsplatz, Ihre jungen Schauspieler werden lernen müssen, sich anzupassen und zu improvisieren. Gott wird Ihren Kindern helfen, ihr Drehbuch zu schreiben, und sie werden am meisten glänzen, wenn sie sich ihre Stichworte von ihm geben lassen.

34 Erklimmen Sie einen Berg

Klettern Sie auf jeden Berg – oder wenigstens auf einen schwierigen. Besorgen Sie sich eine gute Landkarte Ihrer Region und betrachten Sie mit Ihren Kindern die Erhebungen in der Umgebung. Suchen Sie sich dann einen Berg aus und setzen Sie sich ein Ziel: bis zum Ende des Sommers Berg Soundso erklettern.

Suchen Sie einen Berg aus, der dem Alter, dem Gesundheitszustand und den sportlichen Fähigkeiten Ihrer Familienmitglieder entspricht. Eine Wanderung ist vielleicht alles, was Sie im Moment bewältigen können. Es wird ein bisschen Training erfordern, bis Sie es auf den Mount Everest schaffen! Setzen Sie sich kleine Zwischenziele, zum Beispiel ein Spaziergang zum Supermarkt im Einkaufszentrum. Wenn Sie dort angekommen sind, kaufen Sie allen eine kleine Belohnung.

Stöbern Sie im Internet oder leihen Sie sich in einer Bibliothek Bücher übers Bergsteigen aus. Sprechen Sie mit Ihren Kindern über die Herausforderung, die vor ihnen liegt. Weisen Sie sie auf mögliche Risiken hin und auf Tiere und Insekten, vor denen sie sich in Acht nehmen müssen, auf Erste-Hilfe-Maßnahmen und auf die erforderliche Ausrüstung. Informieren Sie sich über die Wetterbedingungen, um sicherzugehen, dass Sie die richtige Kleidung mitnehmen.

Bevor Sie den ersten Schritt den steilen Abhang hinauf tun, sollten Sie mit Ihren Kindern regelmäßige Spaziergänge in Ihrem Wohnviertel unternehmen. Das ist eine tolle Möglichkeit, um miteinander ins Gespräch zu kommen und Ausdauer und Kraft aufzubauen. Achten Sie auch darauf, die neuen Schuhe einzulaufen, ehe es ernst wird. Ihre Kinder werden das Training am meisten genießen, wenn sie viele Pausen machen dürfen, immer wieder etwas Leckeres zu essen bekommen und nicht überfordert werden. Setzen Sie Ziele und verteilen Sie regelmäßig Belohnungen. Wenn Sie schließlich den Gipfel erreichen, machen Sie ein Foto von den stolzen Bergsteigern.

Gott gibt uns viele Berge zum Erklimmen. Manche können wir uns aussuchen, andere nicht. Kinder, die es sich zutrauen, eine steile Anhöhe hinaufzuklettern, sind sehr gut dafür ausgerüstet, sich den Kämpfen des Lebens zu stellen, ganz egal, welche Herausforderungen auf sie zukommen.

35 Tanzen Sie miteinander durch die Wellen

Wasser lässt sich durch nichts aufhalten. Es sickert durch den feinsten Haarriss und kann einen Damm brechen lassen. Videoclips von berghohen Tsunamis zeigen, wie übermächtig Wasser sein kann, wenn es außer Kontrolle gerät. Auch die Wellen des Ozeans wandeln sich mit den Jahreszeiten und unterliegen den Gravitationskräften von Sonne und Mond.

Wenn die Jahreszeit und das Wetter es zulassen, fahren Sie einen Tag ans Meer, und laden Sie Ihre Kinder ein, sich mit Ihnen ins kühle Nass zu wagen. Spüren Sie seine Kälte, riechen Sie das Salzwasser, und halten Sie sich an den Händen, während Sie durch die Wellen tanzen. Das ist ein Riesenspaß!

Zeigen Sie Ihren Kindern, wie Sie ein Bild in den weichen, nassen Sand malen können, und beobachten Sie, wie das Wasser näher kommt und es wegwischt. Ermuntern Sie sie dann dazu, Muscheln in allen Formen und Größen zu suchen. Sie sind tolle Andenken an Ihren Tag am Strand.

Gute Schwimmer haben vielleicht keine Bedenken, ins Tiefe

hinauszuschwimmen, aber achten Sie darauf, dass Ihre kleineren Kinder im Flachen bleiben und sich nicht in Gefahr begeben. Spritzen Sie sich gegenseitig nass, bis alle sich kaum noch vor Lachen halten können. Tanzen Sie miteinander im Kreis herum, bis Ihnen schwindlig wird. Wenn Sie das Gleichgewicht verlieren, dann stehen Sie einfach schnell wieder auf, und lachen Sie zusammen mit den anderen. Ein freundlicher, einladender Strand an einem sonnigen Tag kann einen die Stürme vergessen lassen, die manchmal über die Küste peitschen.

Mit Ihren Kindern in den Wellen herumzutoben kann im wahrsten Sinne des Wortes Ihren Horizont erweitern. Zeigen Sie hinaus aufs Wasser, das sich unendlich weit in die Ferne zu erstrecken scheint. Sprechen Sie darüber, wie klein dagegen Sie alle sind. Aber erinnern Sie Ihre Kinder auch daran, dass Gott Sie alle im Blick hat, während Sie miteinander im Sonnenlicht tanzen und lachen.

Wenn wir in Gottes weiter Natur springen, toben und tanzen, finden wir inneren Frieden. Manchmal kommt vielleicht eine Wasserwand und wirft uns um. Lehren Sie deshalb Ihre Kinder, dankbar dafür zu sein, dass sie in Gottes Händen geborgen sind, auch in den tosenden Wellen unseres manchmal unberechenbaren Lebens.

36 Erkunden Sie Ihren Garten mit einem Vergrößerungsglas

Stellen Sie sich einmal vor, wie Ihr Schuh in den Augen einer Kellerassel aussieht: ein riesiger Brocken, der zu Boden donnert. Jemand schreit: „Rette sich, wer kann!", und im Ameisenhügel bricht Panik aus. Es gibt eine Menge zu sehen, wenn Sie sich einmal mit dem Urwald befassen, der hinter Ihrem Haus liegt. Sie und Ihre jungen Forscher sollten sich vor jenen winzigen Geschöpfen in Acht nehmen. Und ganz egal, was die Ameisen darüber denken: Gehen Sie nicht barfuß, sondern tragen Sie Stiefel oder Schuhe.

Besorgen Sie sich ein oder zwei gute Vergrößerungsgläser und begeben Sie sich auf Safari. Vergessen Sie Ihre Fantasie nicht und Knieschoner für Mama und Papa könnten auch nützlich sein. Sie werden staunen, was dort in Ihrem Garten darauf wartet, entdeckt zu werden.

Helfen Sie Ihren kleinen Kindern, einen Platz zu finden, von dem aus Sie die winzigen Akrobaten beobachten können. Jagen Sie unter Steinkanten und alten Brettern nach Insekten. Aber seien Sie vorsichtig: Sie werden sicher fündig werden. Vielleicht stolpern Sie über eine Schlange oder ein anderes unwillkommenes Kriechtier. Und seien Sie auf der Hut vor Ameisen, denn sie lieben es, in Ihre Hosenbeine zu krabbeln.

Wenn Sie einen Abschnitt mit besonders weicher Erde im Garten haben, dann benutzen Sie Ihr Vergrößerungsglas, um Pfotenspuren von Katzen, Kaninchen, Eichhörnchen oder vielleicht sogar Füchsen zu entdecken. Informieren Sie sich im Internet oder mithilfe von Büchern über die Spurensuche von Tieren. Sie werden vielleicht überrascht sein, wie viele verschiedene Tiere in Ihrem Garten herumschleichen.

Es gibt noch mehr zu sehen als Tiere. Richten Sie Ihr Vergrößerungsglas auf kunstvoll geschaffene Blätter, einen unbiegsamen Grashalm oder einen glitzernden Stein. Sie werden staunen, was Sie alles entdecken. Erforschen Sie die weichen, farbenprächtigen Blütenblätter einer blühenden Rose. All das wird Sie über Gottes großes handwerkliches Können staunen lassen.

Als Sie aus der Tür traten, haben Sie im ersten Moment nicht viel gesehen. Aber dann haben Sie ganz bewusst die Augen geöffnet, um mehr von dem wahrzunehmen, was sich in Ihrem Garten abspielt. Es wimmelt dort geradezu von winzigen Lebewesen. Nehmen Sie sich mit Ihren Kindern Zeit für einen zweiten Blick. Manchmal ist das alles, was nötig ist, um eine ganz neue Welt zu entdecken.

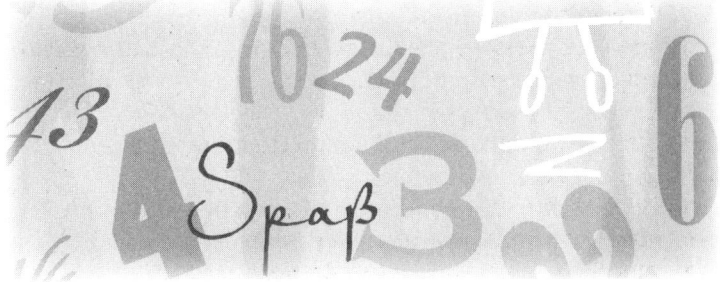

37 Heben Sie Müll im Park auf

„Igitt!" Das ist vermutlich die Reaktion Ihrer kleinen Saubermänner, wenn Sie einen Aufräumtag im Park ankündigen. Andere Kinder, die jedes Stückchen Müll sorgfältig untersuchen, werden sich auf die Aufgabe stürzen wie Bären auf den Honig. Teilen Sie Plastiktüten aus, und lassen Sie Ihre Kinder Gartenhandschuhe tragen, falls sie etwas Scharfes oder Rostiges in die Hand nehmen müssen. Und dann marschieren Sie los zum Park.

Schon auf dem Weg werden Sie Zigarettenkippen, Plastikverschlüsse, Fast-Food-Behälter und anderen Abfall sehen. Ihre Kinder können sich schon mal auf die Aufgabe einstimmen, indem sie im Vorbeigehen Müll aufsammeln. Bald wird ein gesunder Wettbewerb im Gange sein: Wer bekommt seine Tüte als Erster voll?

Wie sehr Sie sich auch bemühen, Sie werden es nie schaffen, den gesamten Park zu reinigen. Setzen Sie eine zeitliche Grenze fest, damit Ihre Kinder nach der Arbeit noch spielen können.

Fragen Sie sie, warum die Leute wohl ihren Abfall auf den Boden statt in die aufgestellten Mülleimer werfen. Vielleicht vermuten sie, dass viele zu nachlässig und bequem sind oder dass es nicht ihre Absicht war, einen solchen Dreck zu verursachen. Vielleicht denken diese Menschen auch, dass schon jemand anderes vorbeikommen und aufräumen wird. Das ist vielleicht die einfachste Erklärung. Und das ist auch der Grund, warum manche unberührte Wälder irgendwann wie Autobahnparkplätze aussehen und klare Bergseen verdrecken. Das bisschen Unrat, das ein Einzelner hinzufügt, wird doch nicht so ins Gewicht fallen, oder? Doch, das kann durchaus sein. Aber glücklicherweise kann eine einzelne Familie viel ausrichten, um eine Situation zu verbessern.

Den Müll eines anderen zu entsorgen kann unangenehm sein. Aber irgendjemand muss es tun, sonst wird alles immer schlimmer. Machen Sie Ihren Kindern bewusst, dass sie nun dazu beigetragen haben, das Problem zu lösen, anstatt es zu verschlimmern. Auch wenn das niemand sonst bemerkt hat, Gott hat es gesehen.

38 *Helfen Sie in einer Suppenküche*

Bei den meisten Mahlzeiten essen wir, bis wir rundum satt sind – oder mehr als das. Warum aufhören, bevor alles alle ist? Vielleicht sind wir wandelnde Beispiele für die Gewohnheit, unsere Teller so vollzuladen, dass wir sie nur mit Mühe leer essen können. Wenn das auf Ihre Familie zutrifft, dann helfen Sie Ihren Kindern, ihren Appetit besser zu zügeln: Lassen Sie sie eine Welt betreten, in der eine warme Mahlzeit ein Luxus und hungrig schlafen zu gehen eher die Regel als die Ausnahme ist. Rufen Sie eine Suppenküche in der Nähe an, und fragen Sie, ob Sie mit Ihrer Familie mal einen Tag aushelfen dürfen. Sie werden sicher nicht abgewiesen werden.

Die Menschen, die dorthin kommen, haben oft keine andere Wahl. Sie haben nicht die Mittel, um sich eine Mahlzeit zu kaufen, aber ihre Kinder müssen trotzdem etwas essen. Vielleicht sind Ihre Kinder schockiert, wenn sie andere in ihrem eigenen Alter dort anstehen sehen. Auch wenn sie vielleicht anders gekleidet sind, haben sie dieselben Gefühle und Bedürfnisse wie sie selbst und ihre Freunde. Sie brauchen im Moment nur ein bisschen Hilfe.

Darum sind Sie da. Lassen Sie Ihre Kinder Essen servieren oder Tische decken. Ermutigen Sie sie, mit den Gästen ins Gespräch zu kommen. Damit Ihre Kinder wissen, wie das funktionieren kann, sollten Sie es ihnen vormachen und vorleben. In der Bibel heißt es, dass wir mit unseren bedürftigen Nachbarn teilen sollen (5. Mose 15,7 ff.) und dass wir uns niemals einbilden dürfen, dass wir deswegen besser wären als sie. Das ist ein einfaches Schlüsselprinzip. Gott liebt uns, und er will nicht, dass eines seiner Kinder Hunger leidet. Er selbst ist schließlich das Brot des Lebens.

Durch Ihre Mithilfe, anderen etwas zu essen zu geben, werden Ihre Kinder ihre eigenen Vorräte an Süßigkeiten mit anderen Augen sehen. Ob sie dankbar dafür sind oder nicht, sie leben im Überfluss. Gott will, dass sie das, was sie haben, mit anderen teilen – sei es Essen, Zeit oder Geld – und sich über die Gelegenheit freuen, jemandem, der in Not ist, zu helfen.

39 *Verteilen Sie großzügig Lob*

Ein freundliches Wort ist wie ein kostbares Schmuckstück, das ganz hinten im Schrank liegt: wertlos, solange es im Verborgenen bleibt. Wenn Sie mit Lob geizen, dann ist das so, als ob Sie wertvolle Schätze horten: Sie nehmen Ihren Kindern die Möglichkeit zu lernen, dass es ebenso viel Freude macht, Anerkennung auszusprechen, wie Anerkennung zu bekommen. Loben und gelobt zu werden macht glücklich.

Leider sind viele Eltern in Familien aufgewachsen, in denen ermutigende Worte selten oder nie ausgesprochen wurden. Vielleicht wurde auch Ihnen, aus welchen Gründen auch immer, jenes „Das hast du toll gemacht!" oder „Weiter so!" vorenthalten, das Ihnen so viel bedeutet hätte. Inzwischen haben Sie massenweise Komplimente bekommen, aber Sie haben dennoch das Gefühl, dass Ihre Leistungen nicht wirklich gewürdigt werden. Vielleicht geht es Ihren Kindern genauso. Durchbrechen Sie das alte Muster. Sagen Sie Ihren Kindern die guten Worte, die sie verdienen.

Erinnern Sie sie daran, dass auch Gott sie sieht und dass ihm etwas an ihnen liegt. Ihr himmlischer Vater freut sich über jeden Erfolg, auch wenn Sie selbst nicht dabei sein konnten. Als Eltern haben Sie das Vorrecht, Ihre Kinder mit freundlichen Worten aufzubauen. Wenn Sie das oft tun und sie ermutigen, werden Ihre Kinder Dinge erreichen, die sie sich nie hätten träumen lassen.

Achten Sie also auf die besonderen Talente und Fähigkeiten Ihrer Kinder. Und dann geben Sie sich Mühe, Ihre Kinder angemessen zu loben. Freuen Sie sich darüber, wie gut sie sich dadurch weiterentwickeln werden. Bald werden Ihre Kinder selbst lernen, Lob und Anerkennung auszusprechen. Loben Sie sie, wenn sie ihr Zimmer ordentlich aufgeräumt, den Tisch gedeckt oder ihre Hausaufgaben erledigt haben.

Ihnen werden sich zahllose Gelegenheiten bieten, wenn Sie nach Anlässen Ausschau halten, um Ihren Kindern sagen zu können: „Das hast du toll gemacht. Ich bin so stolz auf dich." Auch Sie selbst werden davon profitieren, wenn Ihre Kinder von Ihnen sagen, dass Sie eine prima Mutter, ein toller Vater sind. Aber Sie müssen den ersten Schritt tun.

40 Zeigen Sie Ihren Kindern, dass kein Problem zu klein ist, um es mit Gott zu besprechen

Gebet kann viel bewirken. Wie viele Menschenleben sind verlängert worden, wie viele Menschen haben neue Kraft empfangen, weil jemand auf die Knie gegangen und Gott um Hilfe für sich selbst oder andere gebeten hat! Harte Herzen sind weich geworden, Schwache haben neue Kraft bekommen, und kleine Kinder haben die Welt verändert – und das alles durch Gebet.

Wenn Sie und Ihre Kinder beten, dann haben Sie vielleicht irgendwann nicht mehr das Bedürfnis, Probleme immer selbst lösen zu wollen. Sie besprechen Schwierigkeiten mit Gott und rechnen damit, dass er antworten wird. Womit auch immer Sie konfrontiert werden, er versteht es. Aber es ist Ihre Aufgabe, ihm diese Dinge zu erzählen und dann geduldig auf eine Antwort zu warten.

Wenn Sie hören, dass jemand krank ist, oder wenn Sie von einem Unfall erfahren, dann halten Sie kurz inne, um zu beten. Tun Sie das am besten gleich und beten Sie so oft wie möglich. Sie werden genügend Zeit haben, sich in Aktivitäten zu stürzen, aber nur eine Gelegenheit, sich als Erstes an denjenigen zu wenden, der alle Probleme lösen kann. Sie brauchen seine Hilfe, also bitten Sie ihn darum.

Ihre Kinder sollten nicht nur auswendig gelernte Standardgebete vorm Essen und vorm Schlafengehen hören. Wenn sie mit einem Problem zu Ihnen kommen, dann beten Sie mit ihnen zusammen. Wenn irgendeine große Sache bevorsteht, eine wichtige Arbeit oder Prüfung in der Schule, dann fragen Sie Ihre Kinder, ob Sie mit ihnen beten dürfen. Üben Sie dabei keinen Druck aus und benutzen Sie keine hochgestochenen Worte. Ein einfaches „Wollen wir Gott um Hilfe bitten?" genügt.

Und bitten Sie Ihre Kinder das nächste Mal, wenn Sie selbst verletzt sind oder ein Problem haben, für Sie zu beten. Halten Sie sich an den Händen. Sie werden in Ihr Herz schauen, Ihre Verletzlichkeit und Ihr Vertrauen zu Gott spüren und es Ihnen

gleichtun. Es wird Tage geben, an denen Sie zu Gott kommen, wenn Alarmstufe Rot angesagt ist und Sie beim besten Willen keinen Ausweg sehen. Atmen Sie dann ganz langsam ein und aus und begleiten Sie jeden Atemzug mit einem Gebet. Bringen Sie Ihren Kindern bei, sich schon dann an Gott zu wenden, wenn ein Problem sich abzeichnet, und nicht erst dann, wenn alles in Scherben liegt.

Wenn Ihre Kinder miterleben, dass Sie Schwierigkeiten lösen, indem Sie beten, werden sie dasselbe tun. Sie werden lernen, dass sie – ebenso wie Sie selbst – nicht alles allein schaffen können. Zum Glück ist Gott da und hört ihre Gebete.

41 Halten Sie einen Autopflege-Workshop ab

Wer von Ihnen kann das Getriebe seines Autos reparieren oder den Motor instand setzen? Falls *Ihnen* das keine Schwierigkeiten bereitet, dann lesen Sie gleich den letzten Absatz, krempeln Sie die Ärmel hoch, und stecken Sie mit Ihren Kindern den Kopf unter die Motorhaube. Für alle anderen sind hier ein paar einfache, leicht zu befolgende Tipps, wie Sie dafür sorgen können, dass Ihr Auto gut läuft.

Merken Sie sich die „B-Ö-B-Regel": Benzin, Öl, Bremsen. Zeigen Sie Ihren Kindern, wie man tankt (je nach Fahrzeugtyp Normalbenzin, Super oder Diesel) und wo man bezahlt. Machen Sie ihnen vor, wie man den Ölmessstab herauszieht (nachdem der Motor ein bisschen abgekühlt ist) und den Ölstand abliest. Bringen Sie ihnen bei, einen halben Liter Öl nachzufüllen, wenn mal zu wenig Öl vorhanden sein sollte. Nehmen Sie sie mit, wenn Sie in der Werkstatt die Bremsen überprüfen lassen. Wenn Sie das Quietschen hören, das auf Bremsenprobleme schließen lässt, dann machen Sie eine (kontrollierte!) Probebremsung und demonstrieren Sie Ihren Kindern, wie der Wagen unter Umständen ein wenig ausbricht.

Wenn Sie zum Tanken fahren, dann lassen Sie Ihre Kinder die Scheiben putzen, und zeigen Sie ihnen, wie man den Reifendruck überprüft. Bald werden Ihre Kinder Sie an diese regelmäßigen Routinekontrollen erinnern. Sie sollten ihnen auch eine Checkliste geben, die sie Ihnen vor jeder größeren Fahrt vorlesen: Haben Sie Straßenkarten, Warndreieck, Verbandskasten, Ersatzwasser für Kühl- und Scheibenwischanlage und ein paar einfache Werkzeuge dabei? Holen Sie sich im Internet kostenlose Wartungstipps und Ratschläge für entspanntes Autofahren mit Kindern.

Wenn Sie Ihr Auto regelmäßig warten, kann das Pannen vorbeugen. So ist die Gefahr geringer, dass Ihre Kinder am Straßenrand stehen müssen, weil Ihr Fahrzeug liegen geblieben ist, oder in einen Unfall verwickelt werden. Es ist also eine weitere Möglichkeit, zur Sicherheit Ihrer Kinder beizutragen. Und stellen Sie sich vor, wie wertvoll all diese Informationen einmal sein werden, wenn sie ihren eigenen „fahrbaren Untersatz" haben. Glauben Sie mir, Ihre Kinder werden es Ihnen danken.

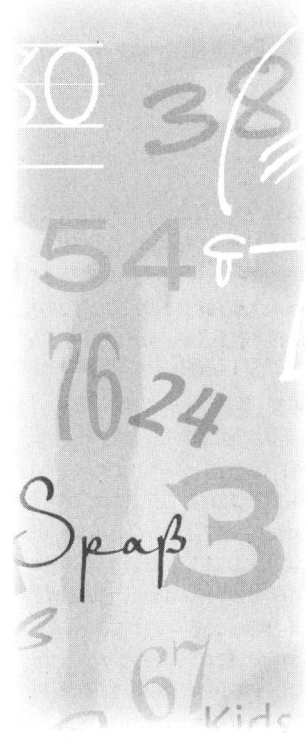

42 Legen Sie einen Gemüsegarten an und pflegen Sie ihn gemeinsam

Rosen sind rot und hübsch, das ist wahr.

Aber wenn Sie etwas Essbares ernten wollen, brauchen Sie einen Gemüsegarten. Ob Sie nur ein paar Erdbeeren und Bohnen pflanzen oder den ganzen Rasen umgraben und ein riesiges Feld für allerlei Gemüsesorten anlegen – Sie und Ihre Kinder werden miteinander das Wunder des Wachstums und die Kraft der Geduld entdecken.

Selbst die kleinste Stadtwohnung hat Platz für ein paar Blumentöpfe mit Kräutern. Wenn Sie mehr anpflanzen wollen, klicken Sie doch mal auf http://www.hausgarten.net. Hier finden Sie zahlreiche Tipps zur Gartengestaltung, Pflanzenpflege und Schädlingsbekämpfung. Wenn Sie auf chemische Hilfsstoffe verzichten wollen, können Sie auf Naturdünger zurückgreifen und einfach ein paar Ringelblumen anpflanzen, um Schädlinge fernzuhalten. Denselben Zweck erfüllen Zwiebeln, Knoblauch, Tulpen, Lavendel und Pfefferminze.

Wenn Sie die Samentütchen öffnen, zeigen Sie Ihren Kindern, wie winzig die Anfänge einer Pflanze sind und wie wenig Saatkörner eine Packung enthält. Wenn Sie die Samen eingesät haben, erklären Sie Ihren Kindern, dass Sie Ihren Teil getan haben und dass der Rest Gottes Sache ist. Dasselbe gilt auch für uns, wenn wir ihm von einem Problem erzählen. Wir überlassen es ihm und warten geduldig ab. Gott arbeitet oft im Verborgenen, aber wenn wir ihm vertrauen, können wir Wunder erleben.

Wenn ein Familienmitglied die ersten grünen Spitzen erspäht, dann rufen Sie die gesamte Familie zusammen. Fahren Sie weiter damit fort, die Pflanzen zu gießen, Unkraut zu jäten und einfach zu warten. Wenn die Zeit der Ernte gekommen ist, bereiten Sie aus dem geernteten Gemüse ein besonderes Essen zu. Danken Sie Gott, dass er für alles sorgt, was wir zum Leben brauchen – auch für die winzigen Saatkörner, die zu einem Festessen für seine „Königskinder" werden.

43 *Werfen Sie einen Pfeil auf eine Landkarte*

Eine Wanderkarte für Ihre Umgebung, ein Stadtplan oder eine Weltkarte – treffen Sie Ihre Wahl und werfen Sie einen Pfeil darauf. Dann begeben Sie sich mit Ihren Kindern auf Entdeckungsreise und erkunden Sie Ihren zufällig ausgewählten Ort. Selbst in der kleinsten Stadt gibt es viel zu erleben und zu genießen. Schauen Sie im Internet nach, welche Attraktionen Ihr Ausflugsziel zu bieten hat, und entscheiden Sie, welche davon Sie persönlich kennenlernen wollen.

Nehmen Sie Ihren Pfeilwurf zum Ausgangspunkt für ein langes Wochenende. Beteiligen Sie Ihre Kinder an der Planung. Wenn Sie mit dem Auto fahren, nehmen Sie Bücher, Spiele und CDs mit. Legen Sie viele Pausen ein und halten Sie Essen und Getränke griffbereit.

Wenn Sie angekommen sind, könnten Sie als Erstes miteinander essen gehen. Bitten Sie einen Einheimischen, Ihnen ein Restaurant zu empfehlen. Wenn Sie Ihre Tour fortsetzen, entdecken Sie vielleicht eine kleine Bäckerei oder ein Buchantiquariat, für das Sie sich spontan begeistern. Finden Sie heraus, was Sie unbedingt gesehen haben müssen, und halten Sie nach kostenlosen Führungen und Gratisprospekten Ausschau. Finden Sie über die Stadt oder Ortschaft, die Sie besuchen, alles heraus, was Sie nur können. Sehen Sie sich alle historischen Gebäude an und studieren Sie die Architektur. Jeder Ort ist einzigartig, und zu entdecken, was das Besondere an ihm ist, kann viel Spaß machen.

Aber vor allem: Entspannen Sie sich. Wenn es an dem Ort Ihrer Wahl kein berühmtes Denkmal gibt, dann genießen Sie es einfach, Hintertupfingens kulinarische Spezialitäten zu verspeisen. Mit der richtigen Einstellung ist Ihnen ein gelungener Tag sicher.

Wie bei jedem Ausflug wird auch irgendetwas schiefgehen, aber versuchen Sie und Ihre Kinder, diese Stolpersteine als amüsante Erlebnisse zu betrachten, die Ihre Reise unvergesslich machen. Da draußen wartet eine weite, wunderbare Welt darauf, erobert zu werden. Worauf warten Sie noch?

44 *Gründen Sie eine Familienband*

Erwecken Sie die tolle Band zum Leben, die in Ihrer Wohnung schlummert. Mit ein bisschen Einsatz können Sie und Ihre Kinder miteinander musizieren, auch wenn Sie vielleicht keinen Videoclip zustande bringen. Um eine Familienband zu gründen, brauchen Sie nur Begeisterungsfähigkeit und den ehrlichen Wunsch, sich ein bisschen mehr auf Musik einzulassen.

Wenn Ihre Kinder ein Minimum an musikalischem Talent besitzen und den Takt halten können, besorgen Sie ein paar Spielzeuginstrumente, und probieren Sie aus, wie sie klingen. Vielleicht können Sie auch ein paar preiswerte Blockflöten kaufen. Falls Ihre Kinder schon älter sind und bereits Musikunterricht hatten, suchen Sie nach Möglichkeiten, zusammen das eine oder andere einfache Stück zu spielen. Auf der Internetseite http://www.kidsweb.de wird Ihnen gezeigt, wie Sie verschiedene einfache Instrumente selbst basteln können. Sobald sich alle ein Instrument ausgesucht haben, üben Sie miteinander ein Lied ein, bis alle ihren Part beherrschen.

Eine andere Möglichkeit wäre, jedem Familienmitglied die Aufgabe zu geben, ein bestimmtes Instrument zu imitieren. Ermutigen Sie alle, ihr Bestes zu geben. Einer spielt den Dirigenten und deutet nach dem Zufallsprinzip auf eine Person nach der anderen. Spielen Sie „Fuchs, du hast die Gans gestohlen" oder ein anderes beliebtes Kinderlied, und lassen Sie jedes Kind „sein" Instrument imitieren, wenn der Dirigentenstab auf es zeigt. Das macht unglaublich viel Spaß, auch wenn sich mal etwas schief anhört.

Schließlich können Sie sich in ein berühmtes Familienorchester verwandeln: Legen Sie Vivaldis „Vier Jahreszeiten" oder Bachs „Brandenburgische Konzerte" auf. Stellen Sie die Stühle auf, und tun Sie so, als würden Sie in eine Tuba blasen, eine Querflöte halten oder auf einem Cembalo hämmern. Sie werden riesigen Spaß haben, und Ihre Kinder werden lernen, dass es viel Zeit und Übung kostet, schöne Musik zu machen.

Sie brauchen kein Weltklasse-Musiker zu sein, um Ihre eigene Familienband zu leiten. Haben Sie einfach viel Spaß zusammen!

45 Erzählen Sie alte Familien-geschichten

Es gibt so viele Geschichten, aber wir haben so wenig Zeit. In Ihrem Gedächtnis befindet sich ein riesiges Lagerhaus voller Gold. Nur Sie können Ihren Kindern erzählen, wie sie als Babys aussahen, was ihre ersten Worte waren und wie niedlich sie waren, als sie stolz auf ihrem Töpfchen saßen. Und das ist längst noch nicht alles. Während Ihre Familie wächst, haben Sie die Möglichkeit, noch viel mehr an Ihren lieben Kleinen (und Großen) zu entdecken. Behalten Sie diese Geschichten nicht für sich. Notieren Sie sie stattdessen, oder nehmen Sie sich die Zeit, ihnen eine kostbare Szene vor Augen zu malen. Speichern Sie die Geschichten in ihren Köpfen, damit Ihre Kinder sie nacherzählen können, wenn sie alt genug sind, die Komik, den Kummer, die Freude und die Dramatik der verschiedenen Situationen zu begreifen. Wenn Ihre Kinder größer werden, seien Sie mutig genug, ihnen zu erzählen, wie Sie selbst als Kind waren. Vielleicht werden sie von Ihren Fehlern lernen – ebenso wie Sie selbst.

Erzählen Sie Ihren Kindern, wie Sie und Ihr Mann (Ihre Frau) sich kennengelernt haben. Nehmen Sie Ihre Kinder mit, wenn Sie über die Straße Ihrer Erinnerungen spazieren. Sie werden es genießen, eine lustige Anekdote aus der Vergangenheit ihrer Eltern zu hören. Ihre Höhen und Tiefen lassen Sie authentischer und ansprechbarer erscheinen. Ihre Ehrlichkeit gibt Ihren Kindern Stoff zum Nachdenken. Und vor allem geben Sie ihnen einen Schatz vergnüglicher Familiengeschichten mit, die sie dann ihren eigenen Kindern und Enkelkindern erzählen können. So entstehen Legenden!

Durch Geschichten lernen wir am besten. Gleichnisse sprechen zu uns, wo Predigten versagen. Machen Sie aus jedem Tag eine Gelegenheit, Ihren Kindern ewige Wahrheiten zu vermitteln. Wählen Sie Ihre Worte sorgfältig aus. Wecken Sie in Ihren Kindern die Begeisterung dafür, Teil eines großartigen Plans zu sein. Und erzählen Sie ihnen die großartigste Geschichte von allen: die Geschichte von einem geliebten Sohn, der allen, die an ihn glauben, ewiges Leben schenkt. Ihre Kinder gehören in Gottes großes Bild, in seine faszinierende Geschichte.

46 Fordern Sie Ihre Kinder zu einer Kissenschlacht heraus

Für eine Kissenschlacht eignen sich Federkissen am besten, aber jede andere Art von weichem Füllmaterial mit Stoffüberzug tut es auch. Auf die Plätze, fertig, los! Tun Sie sich keinen Zwang an. In der Liebe und bei einer Kissenschlacht ist alles erlaubt – na ja, fast alles.

Aber lassen Sie uns das Bild der im Zeitlupentempo durch die Luft fliegenden Federn einen Moment anhalten. Gehen wir ein paar Schritte zurück. Suchen Sie als Erstes einen passenden Raum, und räumen Sie alles weg, was zerbrechlich ist. Nehmen Sie die Bilder von den Wänden und bedecken Sie gefährliche Ecken und Kanten mit Schaumstoff. Achten Sie darauf, dass alle Familienmitglieder die Grundregeln einer zivilisierten Kissenschlacht begreifen. Weisen Sie darauf hin, dass der Werfer das Kissen loslassen muss. Man darf nicht einen Zipfel seiner flaumigen Waffe festhalten und unablässig auf sein Opfer einschlagen. Kissen sind Geschosse und müssen auch so eingesetzt werden. Achten Sie auch darauf, dass kleine (oder größere) Kinder nicht verletzt werden – das kann schnell passieren, wenn man nicht aufpasst.

Das Ziel dieses Abenteuers ist einfach reines Vergnügen. Betrachten Sie es als eine Art Schneeballschlacht im Warmen – ohne Schnee, Eis und Handschuhe. Was könnte besser sein? Also eröffnen Sie das Feuer! Und noch eins: Lassen Sie die Kinder gewinnen – wenigstens ab und zu. Genießen Sie das Leuchten in den Augen Ihres Kindes, wenn es ein Kissen durch den Raum schleudert und Sie voll ins Gesicht trifft.

Was kann man aus diesem fröhlichen, albernen Unsinn lernen? Kissenschlachten helfen Ihren Kindern zu begreifen, dass Eltern auch einmal Kinder waren. Sie sehen vielleicht nicht mehr wie ein(e) Achtjährige(r) aus, aber wenn Sie wollen, können Sie sich so benehmen. Und vielleicht können *Sie* ein bisschen besser nachvollziehen, was Ihre Kinder gerade erleben. Eine gute, altmodische Kissenschlacht löst Spannungen und erweckt alte Erinnerungen, während sie gleichzeitig Stoff für neue bietet.

47 Sagen Sie Ihren Kindern, wie wichtig Ihnen Gott ist

Selbst Erwachsene haben Schwierigkeiten damit, wirklich zu verstehen, wie Gott ist. In gewisser Hinsicht ist er wie der Wind: unsichtbar und doch deutlich gegenwärtig. Seine Macht ist erfahrbar. Ebenso seine Liebe. Sie können Ihren Kindern helfen, besser zu begreifen, wer ihr Schöpfer ist und warum sie ihn anbeten sollten.

Kinder sind gute Beobachter. Sie werden lernen, wie Gott ist, wenn sie sehen, dass Sie ihm mit Ehrfurcht und Respekt begegnen. Sie werden Ihren Worten nur dann glauben, wenn Ihr Reden mit Ihrem Leben übereinstimmt. Allzu leicht gerät man in einen religiösen Trott hinein: Man geht zur Kirche, betet vorformulierte Gebete und tut Woche für Woche dasselbe. Das reicht einfach nicht, und im Grunde kauft Ihnen das auch niemand ab. Weder Sie noch Ihre Kinder sind wirklich zufrieden damit, einfach nur Routinehandlungen zu vollziehen (oder Sie sind so abgestumpft, dass es Ihnen überhaupt nicht mehr auffällt). Die einzige Lösung: Seien Sie echt.

Reißen Sie die Fassade herunter. Sprechen Sie offen darüber, dass Sie Gott brauchen, dass Sie ihn lieben und dass Sie sich auf ihn verlassen und von ihm abhängig sind. Lassen Sie Ihre Kinder teilhaben an Ihrer Beziehung zu Gott, mit all ihren Höhen und Tiefen. Wer gibt schon gern zu, dass er schwach und bedürftig ist? Aber genau das sind wir. Und durch all die Fragen und Herausforderungen, die es mit sich bringt, Kinder großzuziehen, wird uns das nur umso deutlicher bewusst. Ihre Kinder sollten erkennen, dass Gott Ihnen wichtig ist. Wichtiger als alles andere.

Das sehen sie, wenn Sie in der Bibel lesen, wenn Sie beten, wenn Sie sich bemühen, ihn immer besser kennenzulernen. Machen Sie keine „Show" daraus – seien Sie einfach echt und konsequent. Bald werden es Ihre Kinder Ihnen nachtun. Gott zu lieben kann bedeuten, dass Sie Ihre Ziele und Träume hintenanstellen, um Gottes Pläne zu verwirklichen. Als Eltern wissen Sie genau, was eine solche Liebe kostet. Und die Opfer, die Sie bringen, zeigen Ihren Kindern Tag für Tag, was wahre Liebe ist.

48 *Finden Sie gemeinsam heraus, wie Finanzmanagement funktioniert*

Finanzmanagement. Das klingt bedrohlich, oder? Aber es ist gar nicht so schwierig, Ihren Kindern ein paar Regeln beizubringen, wie sie am besten mit ihrem Geld umgehen. Das wird ihnen ihr Leben lang von Nutzen sein. Fangen Sie damit an, wenn sie alt genug sind, um zu verstehen, was Geld ist und wozu es dient. Bringen Sie ihnen bei, einen Teil des Geldes für Dinge auszugeben, die sie brauchen, einen Teil zu sparen, einen Teil für ihr Vergnügen zu reservieren und einen Teil für Gott zu geben.

Das Sparen kommt als Erstes. Wenn Ihre Kinder einen Euro bekommen, sollten sie 10 Cent in ein Sparschwein stecken. Dieses Geld sollen sie langfristig zurücklegen und es darf nicht angerührt werden. Deponieren Sie weitere 10 Cent in einem besonderen Gefäß, um es einer Gemeinde oder einem Missionswerk zu spenden. Nehmen Sie noch einmal 10 Cent für kleine Extras: Süßigkeiten, Kino oder andere Dinge, die ausschließlich dem Vergnügen dienen. Dieser „Luxusfonds" ermöglicht Ihren Kindern, sich im Rahmen ihres Budgets ein bisschen

Spaß zu gönnen und trotzdem noch genügend Geld für sinnvolle Anschaffungen übrig zu behalten. Legen Sie die restlichen 70 Cent in ein weiteres Gefäß, damit Ihre Kinder es für Dinge ausgeben können, die sie haben möchten und brauchen. Diese einfache Formel funktioniert immer, egal, ob bei einem Euro oder bei 1.000 Euro.

Wenn Ihre Kinder alt genug sind, dann helfen Sie ihnen, Sparbücher und Girokonten anzulegen. Bringen Sie ihnen bei, über ihre Ausgaben Buch zu führen, für Dinge zu sparen, die sie sich wirklich wünschen, Geld für diejenigen zu geben, die nicht so viel besitzen, und den Überblick über ihre Ausgaben zu behalten.

Ihre Bemühungen werden viel mehr Erfolg haben, wenn Ihre Kinder sehen, dass Sie selbst Ihr Geld gut verwalten – ganz egal, ob Sie Geld im Überfluss haben oder gerade so über die Runden kommen. Es wird großen Eindruck auf sie machen, wenn sie sehen, dass Sie weise mit Ihrem Geld umgehen, regelmäßig sparen und für Bedürftige spenden.

Sofern Ihre Kinder nicht vorhaben, später ins Kloster zu gehen, wird Geld in ihrem Leben immer eine Rolle spielen. Solange Sie noch die Möglichkeit dazu haben, sollten Sie dafür sorgen, dass sie lernen, wie sie es für sich „arbeiten" lassen können.

49 Sagen Sie Ihrem Kind: „Ich liebe dich!"

„Ich liebe dich auch!"

Welcher Vater, welche Mutter sehnt sich nicht danach, diese Worte zu hören? Anscheinend gar nicht so viele. Warum sonst gäbe es so viele verletzte Söhne und Töchter? Vielleicht sind Sie ein großes Kind, das sich sein Leben lang danach gesehnt hat, dass seine Eltern zu ihm sagen: „Ich liebe dich." Sie können Ihre Kinder vor diesem Schmerz bewahren, indem Sie Ihre Zuneigung zu Ihren Kindern ab und zu mit diesen drei goldenen Worten zum Ausdruck bringen.

Vielleicht sind Sie in einer eher distanzierten Familie aufgewachsen, in der Liebe nicht durch Worte, sondern nur durch Taten ausgedrückt wurde. In solchen Familien räumen die Eltern hinter ihren Kindern her, tanken ihre Autos voll, bringen die Bücher zurück in die Bibliothek, bereiten die Mahlzeiten zu … Die Liste lässt sich beliebig fortsetzen. Sie sagen, dass sie das nur tun, weil sie ihre Kinder lieb haben. Sichtbare Taten mögen tiefe Gefühle unterstreichen, aber manchen Kindern fehlt etwas

Wesentliches, wenn sie nicht von entsprechenden Worten begleitet werden.

Ihre Beziehung zu Ihren Kindern prägt das Bild, das diese von Gott haben. Eltern haben die große Aufgabe, ihren Kindern gegenüber ihren himmlischen Vater zu repräsentieren. Wenn Sie liebevolle Worte gebrauchen, kann Ihr Kind die Liebe, die Gott für es empfindet, besser begreifen. Sind Sie kühl und distanziert? Sind Sie gegenüber Ihren Kindern sehr zurückhaltend mit Wärme und Ermutigung, die diese brauchen, um sich gesund zu entwickeln? Das wird dazu führen, dass Ihr Kind Gott in demselben Licht sieht.

Wenn Ihr Ehepartner nie zu Ihnen gesagt hätte: „Ich liebe dich", hätten Sie wahrscheinlich von sich aus nicht „Ich liebe dich" gesagt. Aber gerade diese einfache Aussage ist so wichtig, denn sie hilft Ihnen, auf Kurs zu bleiben, wenn Sie gerade an sich und Ihrem Selbstwert zweifeln. Ihren Kindern geht es ebenso. Geben Sie Ihnen ein Zuhause, in dem Liebe nicht nur schweigend praktiziert wird, sondern wo ihnen mit Worten *und* Taten immer wieder deutlich gemacht wird, dass sie geliebt werden.

Und ein weiterer nützlicher Aspekt ist: Was Sie Ihren Kindern beibringen, werden diese mit ziemlicher Sicherheit an ihre eigenen Kinder weitergeben. Stellen Sie sich einmal vor, dass Ihr Enkelkind eines Tages seinen Kopf an Ihren Hals schmiegt und flüstert: „Ich liebe dich." Kann es etwas Schöneres geben?

50 Suchen Sie sich eine Gemeinde und bleiben Sie ihr treu

Genauso wie in Familien passieren auch in Kirchengemeinden Fehler und laufen Dinge falsch. Aber sie sind auch der Ort, an dem Sie und Ihre Kinder lernen, mit Problemen umzugehen, zu wachsen und zu vergeben. Dort kann man auch sehr gut lernen, mit anderen auszukommen.

Es gibt viele verschiedene Arten von Kirchgängern. Manche lassen sich nur zu Weihnachten und Ostern blicken, andere lassen keine Veranstaltung aus, und wieder andere kommen überhaupt nicht mehr. Für Letztere ist die Gemeinde wie ein altes Auto mit verrosteter Karosserie und krachendem Getriebe. Aber ihnen entgeht vielleicht etwas Wichtiges. Eine echte Gemeinde ist ein Ort, an dem es spannend zugeht und Gleichgesinnte zusammenkommen, um ein gemeinsames Ziel zu verfolgen.

Suchen Sie sich die Gemeinde, die Sie besuchen wollen, sorgfältig aus – genauso sorgfältig wie die Schule für Ihre Kinder oder das Stadtviertel, in dem Sie wohnen. Befassen Sie sich damit, welcher Denomination die Gemeinde angehört, die Sie in Betracht ziehen, damit Sie sichergehen können, dass sie mit Ihren Glaubensgrundsätzen übereinstimmt. Wenn Sie immer noch unschlüssig sind, zögern Sie nicht, den Pastor zu besuchen und ihm Fragen zu stellen. Wenn Sie Ihre Familie zu einem Gottesdienst mitnehmen, nutzen Sie die Zeit, um Gott anzubeten. Wenn Sie das Gebäude betreten, haben Sie die Wahl: Sie können den Blick auf Äußerlichkeiten richten oder Ihre inneren Antennen ausfahren und ein Gespür für die Wärme entwickeln, die in dieser Gemeinde herrscht.

Wenn Sie eine Gemeinde gefunden haben, in der Sie bleiben möchten, unterstützen Sie Ihren Pastor und die anderen Gemeindemitglieder. Sonst werden Sie und Ihre Kinder sich immer als Außenseiter fühlen und nie erfahren, wie wertvoll Treue und Verbindlichkeit sind.

Ihrer Gemeinde treu zu sein ist eine Art, fehlerhaften Menschen bedingungslose Liebe entgegenzubringen. Zeigen Sie Ihren Kindern, dass man sich auch mit einem Chor zufriedengeben kann, der ein bisschen schräg singt, und mit den Menschen, die sich bemühen, aber es noch nicht ganz geschafft haben. Auf Distanz zu gehen und über andere zu urteilen ist nicht der richtige Weg und war es noch nie. Nur wenn Sie mitmachen, werden Sie sehen, dass Unstimmigkeiten verschwinden, Freude entsteht und Sie einen Vorgeschmack auf die himmlische Heimat bekommen, die Sie erwartet.

51 *Machen Sie eine Wildwasserfahrt miteinander*

Das Kanu erreicht die Oberkante des schäumenden Abgrunds. Tausende von Litern stürzen tosend in die Tiefe. Sie und Ihr Kanu erwartet das Unvermeidliche: die letzte Fahrt, dem Untergang entgegen, und das wildeste, nasseste Abenteuer Ihres Lebens. Unser Leben kann manchmal wie eine solche Wildwasserfahrt sein.

Wenn Sie jemals eine echte Wildwasserfahrt unternommen haben – viele Erlebnisparks bieten übrigens heutzutage vergleichbare Fahrten mit Fässern über künstlich angelegte Wasserbahnen an –, dann wissen Sie, dass sich alles darum dreht, mit dem Unerwarteten zu rechnen. Manchmal geschehen Dinge, die ebenso ungeplant wie gefährlich sind. Ihr Kanu trifft auf eine Felskante und bekommt ein Leck. Sie fallen heraus, stoßen sich den Kopf und verlieren das Bewusstsein. Unfälle passieren leider immer wieder.

Jede Familie erlebt Tragödien. Sie sind wie Fahrten, die einen tosenden Wasserfall immer weiter abwärtsstürzen. Sie wissen nicht, wie Sie unten landen und in welchem Zustand Sie sein werden, wenn Sie wieder an die Oberfläche kommen. Aber eines dürfen Sie wissen: Gott ist ganz nah bei Ihnen in Ihrem Fass.

Treffen Sie von vornherein die Entscheidung, dass Sie als Familie immer zusammenhalten und Gott bei allem vertrauen werden. So wissen Sie zumindest, dass Sie Ihren Kindern beistehen können bei dem, was um sie herum vorgeht. Und Ihre Kinder wissen, dass sie Sie um Ihre Hilfe bitten und dass Sie gemeinsam auf Gottes Trost und seine unbegrenzten Möglichkeiten bauen können.

Wenn Sie im Voraus wüssten, welche Schwierigkeiten Sie erwarten, würden Sie den Mut verlieren. Darum zeigt Gott uns oft nur den nächsten Schritt, den wir auf unserer Lebensreise gehen müssen. Und er gibt uns den erforderlichen Mut erst dann, wenn wir ihn am dringendsten brauchen.

Wenn man eine Familie zur Seite hat, die einem hilft, die Probleme des Lebens zu meistern, kann man voller Zuversicht in die Zukunft blicken. Niemand muss die Stürme des Lebens allein durchstehen. Ganz egal, aus welcher Quelle das Wildwasser entspringt: Ihre Kinder sollten lernen, beide Hände auszustrecken und nach Ihrer und Gottes Hand zu greifen.

52 Organisieren Sie ein großes Familientreffen

Lieben Sie sie, solange Sie Gelegenheit dazu haben. Ihre Familie ist nur für eine begrenzte Zeit da, eine Zeit, die schnell vorübergeht. Ein Familientreffen bietet die Chance, Bindungen zu knüpfen, bevor es zu spät ist. Sie und Ihre Kinder sehen Gesichter, die einmal viel bedeutet haben und immer noch etwas bedeuten sollten.

Bei einer solchen Zusammenkunft können Sie zu denjenigen Kontakt aufnehmen, die vielleicht nur noch wenig Zeit haben. Ein solches Treffen bedeutet mehr, als miteinander zu essen. Sie und Ihre Kinder können in die Familiengeschichte eintauchen und Fragen stellen, die nie mehr beantwortet werden können, wenn die Geheimnisträger von Ihnen gehen. Nutzen Sie die Zeit, auch wenn Sie bis spät in die Nacht zusammensitzen und längst Schlafenszeit ist.

Wenn Sie Ihr Treffen planen, können Sie im Internet nach speziellen Programmen suchen, die die Organisation und Planung vereinfachen. Schließen Sie so viele entfernte Cousins und angeheiratete Verwandte ein wie möglich. Vielleicht entdecken Sie, dass der Stammbaum der Familie einige kräftige neue Äste hat. Was für eine Gelegenheit, um neue Verbindungen zu knüpfen und liebe, vertraute Gesichter wiederzusehen! Wählen Sie einen Ort aus, an dem es viel zu sehen und zu tun gibt. Der schwierigste Punkt könnte sein, ein Essen zu planen, das verschiedenen Geschmäckern gerecht wird. Vermeiden Sie alles, was zu exotisch ist, außer wenn alle im Voraus zugestimmt haben.

Erzählen Sie sich gegenseitig Geschichten aus Ihrer Jugend. Lachen Sie mit, wenn jemand eine Anekdote oder einen Streich aus seiner Kindheit preisgibt. Geben Sie selbst ebenfalls Ihre lustigen Erinnerungen zum Besten. Es ist gut für Ihre Kinder, eine Seite an Ihnen zu entdecken, die sie bis dahin vielleicht noch nicht kannten.

Bitten Sie diejenigen, die nicht teilnehmen können, Bilder zu schicken. Sie können wiederum während des Treffens viele Fotos machen und Abzüge anschließend an diejenigen schicken, die nicht dabei sein konnten. Die Mühe lohnt sich, denn Ihre Familie wird dadurch viel vollständiger erscheinen.

Ihr familiäres Erbe wird nur so lange erhalten bleiben, wie auch das jüngste Mitglied des Clans die Geschichten kennt – sowohl die ergreifenden als auch die lustigen. Kinder sollten sich über jede Gelegenheit freuen, ihren Wurzeln näherzukommen und mit Familienangehörigen in Verbindung zu bleiben, die zu Freunden geworden sind.

53 Sprechen Sie beim Essen eine Fremdsprache

Türkisch, griechisch, chinesisch, italienisch, spanisch – die Welt steht Ihnen offen. Suchen Sie sich Ihr Lieblingsrestaurant aus, und vereinbaren Sie mit Ihren Kindern, dass Sie eine komplette Mahlzeit genießen werden, ohne ein Wort Deutsch zu sprechen. Ihr Essen wird besser und echter schmecken, wenn Sie es in der Muttersprache des Landes bestellen, aus dem es stammt. Sie und Ihre Kinder werden viel Spaß bei dem Versuch haben, sich einander und dem Personal verständlich zu machen.

Je besser Sie Ihre Hausaufgaben machen, desto mehr wird Ihnen die Erfahrung bringen. Suchen Sie sich ein „familien-freundliches" Lernprogramm. Studieren Sie die Nutzerbe-wertungen im Internet, um eines zu finden, das für alle Altersgruppen geeignet ist. Wenn Sie sich entschieden haben, kaufen Sie es oder leihen Sie es sich in der Bibliothek aus. Lernen Sie gemeinsam mit Ihren Kindern, aber lassen Sie sich nicht entmutigen, wenn diese dabei schneller lernen als Sie selbst. Lassen Sie sie ruhig „vorausrennen"; so werden sie auf Sie warten, wenn die Zeit für Ihr gemeinsames Essen gekommen ist.

Wenn Sie sich zum Beispiel für ein mexikanisches Restaurant entschieden haben, eignen Sie sich ein paar einfache spanische Wörter und Sätze an. Überlegen Sie sich auch, wie Sie sich anziehen wollen. Sie brauchen kein komplettes mexikanisches Outfit, aber ein paar passende Kleidungsstücke können durchaus bereichernd sein und Ihnen helfen, sich in der fremden Sprache zu unterhalten.

Sprechen Sie laut und deutlich und lernen Sie „Bitte wiederholen Sie das noch einmal" in der Landessprache zu sagen. Wenn Sie nach dem richtigen Wort suchen, wird Ihnen bewusst werden, wie wichtig es ist, Vokabeln zu lernen. Haben Sie Geduld mit sich selbst. Wenn Sie nervös werden, steigt die Versuchung, ins Deutsche zu verfallen. Sie und Ihre Kinder werden eine Ahnung von der Frustration bekommen, die ausländische Bürger empfinden können. Durch die Mühe, die es Ihnen selbst bereitet, Ihre Gedanken zum Ausdruck zu bringen, werden Sie sich viel besser in andere hineinversetzen können.

Kommunikation bedeutet, Einblick in das Denken und Fühlen eines anderen Menschen zu bekommen. Sie und Ihre Kinder können dies lernen, indem Sie sich auf eine neue Sprache einlassen und dabei ein köstliches Essen genießen.

54 Legen Sie gemeinsam ein Familien-Erinnerungsalbum an

Sind Sie schon einmal Zeuge eines Autounfalls gewesen? Wenn es mehrere Zeugen gibt, unterscheiden sich die Erinnerungen der Einzelnen oft in vielen Details. Sie sind sich dessen ganz sicher, was Sie beobachtet haben. Aber dem anderen Zeugen geht es genauso. Und haben Sie schon einmal bemerkt, wie schnell Erinnerungen verblassen? Darum ist es so sinnvoll, dass Sie gemeinsam mit Ihren Kindern ein Familien-Erinnerungsalbum anlegen. Wenn nur eine Person all die Geschichten aufschreibt, bekommen Sie ein verzerrtes Bild. Jeder Einzelne hat die Situation ein bisschen anders wahrgenommen. Jeder zusätzliche Beitrag erweitert den Blickwinkel und trägt dazu bei, das Bild zu vervollständigen.

Denken Sie einmal an Ihren letzten Urlaub. Sie und Ihre Kinder hatten vermutlich andere Vorstellungen von dem, was Spaß macht. Die Kinder zog es zum Strand, während Sie lieber einen Mittagsschlaf gemacht haben. Auf den Fotos sehen alle fröhlich aus und lachen, aber unsere kleinen Vorlieben und Abneigungen machen uns zu dem, was wir sind. Die Fähigkeit, Kompromisse zu schließen und Gefallen an Neuem zu finden, ist ein Zeichen für echtes Wachstum.

Vielleicht ist die eine Hälfte der Familie abenteuerlustiger als die andere. Vielleicht hatte Mama das Gefühl, sich jeden Moment übergeben zu müssen, als das Segelboot in den Wellen schaukelte, während die Kinder wie Piraten in der Takelage herumgeklettert sind. Es besteht ein Riesenunterschied zwischen dem Gefühl, das Sie hatten, als Sie all die Grablichter auf Ihrer Geburtstagstafel sahen, und dem Spaß, den es Ihren Kindern gemacht hat, den Kaffeetisch zu schmücken.

Die Familienerinnerungen zusammenzutragen zeigt Ihren Kindern, dass Sie alle miteinander Spaß haben können, ganz egal, wer dabei welche Aufgabe übernimmt. Wenn Sie dann das Album später gemeinsam anschauen, wird Ihnen das viele schöne Stunden bescheren. Vielleicht können Sie Ihre Kinder sogar dafür gewinnen, gleichzeitig ihre eigenen, kleineren Erinnerungsalben anzulegen.

„Scrapbooks" anzulegen ist heutzutage sehr populär geworden, und das Material, das Sie dazu benötigen, bekommen Sie in jedem Bastelgeschäft. Sie müssen ja kein Meisterwerk fabrizieren; es darf ruhig einfach sein.

Der ganze Prozess – gemeinsam etwas zu erleben, es in einem Buch festzuhalten und später immer wieder miteinander anzuschauen – bringt unheimlich viel Freude, Kreativität und Gemeinschaftsgefühl mit sich.

55 Sprechen Sie mit Ihren Kindern über Sex, Drogen und Alkohol

Wenn nicht Sie die Themen ansprechen, über die „normalerweise" nicht geredet wird, wird jemand anderer das tun. Die Zeiten, in denen man friedlich vor sich hin lebte, ohne ständig mit Verlockungen jeglicher Art konfrontiert zu werden, sind längst vergangen. Heutzutage gibt es buchstäblich keine Fernsehserie, keine Plakatwand, keinen Kinofilm, keine Reklamesendung, kein Lied und kein Videospiel mehr, in dem nicht irgendein Thema zur Sprache kommt, das einmal tabu war. Man muss schon ziemlich lange suchen, um überhaupt noch irgendein Unterhaltungsprogramm zu finden, das wirklich familienfreundlich ist. Um einen Einstieg in die Themen Sex, Drogen und Alkohol zu finden, können Sie nachschauen, welche hilfreichen Tipps für ein Gespräch mit Kindern und Jugendlichen das Internet über diese Themen bietet. Aber das kann nur ein erster Anfang sein. Machen Sie Ihre persönlichen Werte und Überzeugungen deutlich, wenn Sie in diese Themen einsteigen.

Kinder sind heute genauso neugierig, wie Sie es damals waren – vielleicht sogar noch neugieriger. Versuchen Sie sie so lange wie möglich vor der Beschäftigung mit Dingen zu bewahren, für die sie noch nicht reif sind. Machen Sie sich aber gleichzeitig bewusst, dass sie schon bald alt genug sein werden, um über Fragen zu reden, an die Sie in diesem Alter noch keinen Gedanken verschwendet haben. Die Entscheidung, den Gefahren aus dem Weg zu gehen, muss getroffen werden, ehe die Verlockungen da sind. Zum Beispiel sollten sich Ihre Kinder entscheiden, auf vorehelichen Sex zu verzichten, *bevor* sich die Gelegenheit dazu ergibt. Ebenso sollten sie sich schon gegen Drogen und Alkohol entschieden haben, wenn sie eine Schulfete oder eine andere anscheinend harmlose Feier besuchen. Untersuchungen haben gezeigt, dass Kinder, deren Eltern mit ihnen über das Rauchen gesprochen haben, viel weniger dazu neigen, nach jener bewussten ersten Zigarette zu greifen. Konsequent zu sein ist Gold wert, und genauso wichtig ist es, keine doppelte Moral zu dulden.

Besprechen Sie nicht nur die negativen Punkte. Bieten Sie auch positive Alternativen an. Ermutigen Sie Ihre Kinder dazu, sich an Aktivitäten zu beteiligen, die sie geistig und körperlich ausfüllen. Bieten Sie ihnen Herausforderungen, und sorgen Sie dafür, dass sie abends müde vom Lernen oder vom Sport (oder von beidem) ins Bett fallen. Langeweile entsteht, wenn sie zu viel Zeit haben und nicht wissen, was sie damit anfangen sollen.

Ganz wichtig ist, was Sie Ihren Kindern vorleben. Wenn Sie selbst gesunde Beziehungen pflegen und jedes Suchtverhalten vermeiden, spricht das Bände. Zeigen Sie Ihren Kindern, wie schön es ist, ein erfülltes Leben ohne unnötige und gefährliche Risiken zu führen.

56 Fahren Sie mit Ihren Kindern Achterbahn

Greifen Sie nach den Sternen! Wenn Sie das nächste Mal in einem Vergnügungspark sind und mindestens eine Stunde nichts gegessen haben, wagen Sie sich an eine der größten Attraktionen heran: die Riesenachterbahn. Das führt bei jedem Fahrer zu Begeisterungsschreien und auch Sie und Ihre Kinder werden einen riesigen Spaß haben. Erkunden Sie die Vergnügungsparks in der Nähe. Sie werden dort sicher einige Achterbahnen finden, die echte Herausforderungen bieten und die Sie auf Ihre To-do-Liste setzen können.

Vielleicht müssen Sie lange anstehen, und es scheint ewig zu dauern, bis Sie an der Reihe sind. Ignorieren Sie das Gemecker Ihrer Kinder. Versuchen Sie, sie davon zu überzeugen, dass Warten die Vorfreude erhöht. So gern sie das auch täten, sie können nicht an die Spitze der Schlange rennen und in den nächsten Wagen springen. So funktioniert das nicht bei einer Achterbahn und auch nicht im wirklichen Leben. Sprechen Sie miteinander über Geduld: was Geduld ist und was nicht und warum es niemand mag, darüber zu reden. Erzählen Sie ihnen von Situationen in Ihrem Leben, als Sie sich etwas gewünscht haben und es nicht gleich bekommen konnten. Berichten Sie davon, dass Sie im Nachhinein froh waren, dass Gott nicht gleich Ja gesagt hat.

Springen Sie an Bord, wenn Sie an der Reihe sind. Setzen Sie sich nebeneinander, damit Sie sich gegenseitig trösten können, wenn es erforderlich ist. Genießen Sie das Prickeln des langsamen Anstiegs. Dadurch wächst die Spannung noch mehr. Sie schauen die Kinder an und die Kinder schauen Sie an. Ihnen läuft es kalt den Rücken hinunter, dann spüren Sie den starken Ruck – der Wagen saust bergab, Ihnen scheint sich der Magen umzudrehen, und Sie reißen die Hände in die Höhe. Lachen Sie, schreien Sie oder brüllen Sie oder tun Sie alles gleichzeitig.

Vertrauen Sie darauf, dass der Wagen in den Schienen bleibt, und genießen Sie gemeinsam das Gefühl, hilflos vor- und zurück- und hinauf- und hinuntergeworfen zu werden. Geben Sie bewusst jede Kontrolle auf. Das Leben ist oft wie eine Achterbahn. Aber gleichgültig, welche Höhen und Tiefen Sie erwarten: Gott sitzt direkt neben Ihnen.

57 Lesen Sie Ihren Kindern einen Klassiker vor

Die Fantasie entwickelt sich, wenn sie trainiert wird. Wenn Sie Ihren Kindern regelmäßig vorlesen, wird das ihre Fähigkeit, neue Situationen zu erfassen, enorm steigern. Das Geflacker der Spielkonsolen, Fernsehapparate und Computerbildschirme erlischt, wenn Kinder in die gespenstische Welt von Dickens' „Ein Weihnachtsmärchen" eintauchen, die Abenteuer von „Gullivers Reisen" durchstehen oder in „Die Pilgerreise" himmelwärts reisen.

Informieren Sie sich im Internet über die Autoren, die infrage kommen könnten, und stöbern Sie in Online-Ausgaben oder -Zusammenfassungen. Wenn Sie sich für ein Buch entschieden haben, dann schlagen Sie die erste Seite auf; das ist der schwierigste Teil. Auch wenn das entmutigend sein kann, es ist die einzige Art, wie Sie eine Reise von ein paar Hundert Seiten bewältigen können. Aber wenn Sie einmal angefangen haben, werden Ihre Kinder bald darum betteln, dass Sie weiterlesen.

Wählen Sie etwas aus, wofür das jüngste und das älteste Kind (und Sie selbst!) sich gleichermaßen begeistern können. Ihre Kinder werden an Ihrer Stimme spüren, dass die Geschichte Ihnen etwas bedeutet. Begeisterung ist ansteckend. Sie können die Geschichte zum Beispiel immer nach dem Essen lesen, wenn die Nachzügler ihre letzten Bissen hinuntergeschluckt haben.

Beobachten Sie Ihre Zuhörer. Wenn ihre Mienen Ihnen sagen, dass irgendetwas unklar ist, dann halten Sie kurz inne und ermutigen Sie Ihre Kinder, Fragen zu stellen. Kinder haben manchmal sehr lustige Vorstellungen davon, was ein unbekanntes Wort bedeuten könnte. Notieren Sie besonders witzige Beispiele, damit Sie später gemeinsam darüber lachen können. Wenn ein Buch gut geschrieben ist und der Spannungsbogen am Ende jedes Kapitels nicht aufgelöst ist, werden Ihre Kinder es gar nicht abwarten können, dass Sie weiterlesen. Sie werden wissen wollen, wie die Geschichte weitergeht. Sie werden vielleicht sogar klatschen, wenn Sie fertig sind.

Ob Sie biblische Geschichten oder den neuesten Jugendbestseller lesen – ermutigen Sie Ihre Kinder, sich in die faszinierenden Charaktere hineinzuversetzen. Lernen Sie gemeinsam von ihren Fehlern und eifern Sie ihren Stärken nach. Ihre Kinder werden entdecken, dass das der Sinn jeder guten Literatur ist: Man sieht, man fühlt, man vertieft sich ganz in das Buch und hat doch die Möglichkeit, für sich selbst eine bessere Entscheidung zu treffen.

58 *Nehmen Sie die Hausarbeit gemeinsam in Angriff*

Mary Poppins schafft es, Putzen zu einem Vergnügen zu machen. Im wirklichen Leben kann so etwas eine echte Quälerei sein. Das Problem kommt zum Teil daher, dass man sich einredet, die Arbeit würde zu schwer sein. Solche Befürchtungen verschlimmern das Problem und führen dazu, dass man das Unvermeidliche vor sich herschiebt, obwohl die Sache ei-gentlich ein Kinderspiel wäre, wenn man sie beizeiten erledigte.

Sorgen Sie dafür, dass nicht viel Zeit zwischen Auftrag und Erledigung liegt, indem Sie die Führung übernehmen und attraktive Belohnungen in Aussicht stellen. Wenn Sie selbst eine Aufgabe als unangenehm empfinden, werden Ihre Kinder das spüren und ebenfalls eine negative Einstellung dazu bekommen. Wenn das nächste Mal eine größere Aufgabe erledigt werden muss, dann sprechen Sie mit Ihren Kindern über die Ziele, die die Familie an diesem Tag erreichen sollte. Wenn alle auf der gleichen Wellenlänge sind, kann es richtig Spaß machen, gemeinsam Aufgaben in Angriff zu nehmen.

Legen Sie sich gemeinsam ins Zeug, unabhängig davon, ob Sie einen Tag zum Aufräumen der Garage geplant haben oder ein Wochenende, um den Garten auf Vordermann zu bringen. Hier könnten wir vielleicht wirklich etwas von Mary Poppins lernen: Singen Sie bei der Arbeit und arbeiten Sie als Team. Unterteilen Sie die Aufgabe in kleinere Schritte: Zehn Kartons mit Krempel auszusortieren scheint mehr, als sich bewältigen lässt, aber einen Karton pro Abend könnte man vielleicht schaffen. Stellen Sie sich vor, welche Schätze Sie und Ihre Kinder dabei womöglich entdecken.

Ein anderes Geheimnis ist Folgendes: Setzen Sie eine bestimmte Zeit für die Aufgabe fest. Stellen Sie die Eieruhr auf eine Stunde, und arbeiten Sie mit aller Energie, die Sie besitzen. Dank der festgesetzten Zeit wissen Sie und Ihre Kinder, dass Sie sich nicht den ganzen Tag lang abmühen müssen. Stattdessen können Sie miteinander wetteifern, in der einen Stunde so viel wie möglich zu schaffen.

Je größer der Einsatz ist, mit dem Sie die anstehenden Aufgaben in Angriff nehmen, desto schneller schrumpft die familiäre To-do-Liste. Und gleichzeitig lernen Ihre Kinder, unangenehme Arbeiten ohne langes Hin und Her und unnützes Theater zu erledigen. Arbeit ist ein Teil des Lebens. Lassen Sie Ihre Kinder nicht in der Beobachterrolle bleiben, wenn es viel zu tun gibt. Bringen Sie ihnen bei, fleißig und clever zu arbeiten. Dadurch vermitteln Sie ihnen das Gefühl, etwas leisten zu können, und das wird ihnen ihr Leben lang von Nutzen sein.

59 Bringen Sie Ihren Kindern das Schwimmen bei

Obwohl wir alle die ersten neun Monate unseres Lebens im Wasser verbracht haben, ist Schwimmen für manche Kinder immer noch eine erschreckende Vorstellung. Aber schwimmen zu können ist eine absolut wichtige Fähigkeit. Selbst wenn Sie in einer Wüste leben – machen Sie Ihre Familie wasserfest.

Sie brauchen allerdings ein bisschen Fingerspitzengefühl, um herauszufinden, wann der richtige Zeitpunkt für den Schwimmunterricht gekommen ist. Das hängt ganz vom Alter, Einstellung und den Interessen Ihrer Kinder ab. Nicht jedes Kind ist jederzeit dazu bereit, mit dem Schwimmtraining zu beginnen. Informieren Sie sich im Internet oder in Ihrer Bücherei genauer über dieses Thema. Wenn es dann so weit ist, melden Sie sie für einen Schwimmkurs an. Sie können sie auch selbst unterrichten, aber viele Eltern stellen fest, dass ihre Kinder besser auf eine professionelle Lehrkraft hören.

Als Erstes sollten Ihre Kinder lernen, das Gesicht ins Wasser zu tauchen und Blasen zu machen. Das können Sie ihnen in der

Badewanne beibringen. Besorgen Sie sich ein paar Tischtennis-bälle, und fordern Sie Ihre Kinder heraus, sie über das Wasser zu pusten.

Machen Sie Ihre jüngeren Kinder mit dem Schwimmbad vertraut, wenn sie dazu bereit sind. Manchmal brauchen sie ein bisschen Zeit, um sich an die Vorstellung zu gewöhnen. Helfen Sie ihnen, sich Schritt für Schritt ins Wasser zu wagen. Wenn sie mehr Mut gefasst haben, lassen Sie sie hineinspringen – vielleicht mit einem Schwimmring, den sie um den Bauch tragen.

Ganz wichtig ist auch, dass sie lernen, sich treiben zu lassen. Zeigen Sie ihnen, wie sie einfach die Lungen mit Luft füllen und ausgestreckt an der Wasseroberfläche liegen bleiben können. Nervöse Kinder rollen sich zusammen und sinken. Bringen Sie ihnen bei, sich zu entspannen und auszustrecken. Wenn sie das schaffen, sollten sie lernen, den Atem anzuhalten und mit dem Kopf unter Wasser zu gehen. Ermutigen Sie sie dazu, sobald sie bereit sind, aber überstürzen Sie die Sache nicht und zwingen Sie sie zu nichts.

Bald werden Ihre Kinder lernen, sich im Wasser fortzubewegen, und Sie haben die schnellsten Schwimmer in der Seepferdchenschule. Schwimmen ist eine gesunde Beschäftigung, die Sie gemeinsam genießen können. Ihre Kinder werden viel Spaß daran haben, und Sie selbst werden es sehr beruhigend finden zu wissen, dass sie nicht untergehen können.

60 Legen Sie sich ins Gras und betrachten Sie die Wolken

Es gibt kaum etwas, das so viel Vergnügen macht, wie auf einer Decke zu liegen und zuzuschauen, wie die Wolken vorüberziehen. Kann es etwas Entspannenderes geben?

Informieren Sie sich mithilfe des Internets oder in der Stadtbibliothek darüber, welche Arten von Wolken es gibt und welche Bedeutung sie für das Wetter haben. Es ist gut zu wissen, wann ein Wolkenbruch bevorsteht.

Sie werden staunen, welche Bilder über Ihnen entstehen. Vulkane kochen über, schlappohrige Kaninchen machen Männchen, oder vielleicht sehen Sie das Gesicht von Bob dem Baumeister oder vom Fußballbundestrainer. Es gibt keine falschen Antworten. Zeigen Sie einander abwechselnd, was Sie sehen. Legen Sie einen Skizzenblock bereit, damit Sie ein paar besonders verrückte Gebilde nachzeichnen können.

Vielleicht möchten Sie und Ihre Kinder einen CD-Player mit nach draußen nehmen, damit Sie die Wolken mit schöner Hintergrundmusik genießen können. Stellen Sie fest, wer die meisten Bilder entdeckt hat. Lassen Sie alle erzählen, was sie sehen. Sie dürfen ruhig auch mal unterschiedlicher Meinung sein, wenn es darum geht, welche Wolke was ist, oder auch, was oben und was unten ist! Die Tatsache, dass Wolken sich laufend verändern, macht die Sache noch spannender. Vielleicht stimmen Sie alle darin überein, dass Sie in einer bauschigen weißen Wolke Winnie Puh entdeckt haben, und dann seufzen Sie auf, wenn er sich in einen Topf Honig verwandelt.

Es kann manchmal schwierig sein, sich in das hineinzuversetzen, was ein anderer sieht, aber Ihre Kinder werden dadurch eine Lektion fürs Leben lernen: Dinge, die ihnen selbst so klar und offensichtlich scheinen, sind für einen anderen vielleicht überhaupt nicht zu erkennen.

Wenn Sie sich die Zeit nehmen, auf den weitaufgerissenen Mund, die großen spitzen Ohren oder die riesigen Schuhe hinzuweisen, nimmt das Bild plötzlich Form und Bedeutung an. Natürlich, es ist ein Clown! Schließlich sind alle einer Meinung. Ihre Kinder werden lernen, dass verschiedene Menschen dieselben Dinge oft ganz unterschiedlich sehen. Aber etwas mit den Augen anderer zu betrachten, schärft uns allen den Blick.

61 Üben Sie einen Witz ein, und erzählen Sie ihn, bis Ihre Kinder sich die Ohren zuhalten

„Klopf, klopf." – „Wer ist da?"
  „Hammer." – „Hammer wer?"
  „Hammer ein bisschen Geld im Haus?"
  Vielleicht ist dieser Witz für einige Eltern etwas zu real, aber irgendwie lustig ist er schon. Wenn Sie mögen, schauen Sie mal in der Bibliothek nach Witzebüchern. Da werden Sie bestimmt einen Witz finden, der Ihnen gefällt.
  Witze erzählen ist eine Kunst für sich. Erhöhen Sie Ihre Erfolgschancen, indem Sie einige grundlegende Punkte beachten, bevor Sie den Mund aufmachen. Was immer Sie tun, Sie sollten die Pointe im Hinterkopf haben. Es kann urkomisch sein, mitzuerleben, wie jemand einen Witz ruiniert, aber es ist nicht mehr ganz so lustig, wenn *Sie* dieser miserable Erzähler sind.
  Für einen Komiker kommt alles auf das richtige Timing an. Es ist keinesfalls gleichgültig, wann Sie Ihren Witz erzählen. Verblüffen Sie Ihre Zuschauer, wenn sie am wenigsten damit rech-

nen und wenn die Stimmung passt. Und schrauben Sie den Erwartungshorizont Ihrer Kinder nicht zu hoch. Lassen Sie Ihre Erzählkunst und Ihr Material für sich selbst sprechen. Oder eben nicht.

Wenn Sie Ihren Witz einüben, dann denken Sie an alle wichtigen Details. Üben Sie die Pointe so lange, bis sie druckreif ist. Denken Sie daran: keine Pausen und kein „Warte mal, wie war das noch?". Tragen Sie Ihren Witz vor, lächeln Sie, und warten Sie auf das Lachen – oder die faulen Eier. Wann immer Sie einen guten Witz hören, machen Sie sich Notizen und erzählen Sie ihn Ihren Kindern. Legen Sie sich eine persönliche „Best of"-Sammlung an. Und wenn Sie einen echten Knaller hören, seien Sie bereit, ihn bei nächster Gelegenheit zum Besten zu geben.

Heiterkeit ist eine Gabe, und es steht in Ihrer Macht, sie an Ihre Kinder weiterzugeben. Und außerdem: Wäre es nicht witzig zu hören, wie sie sich, wenn sie längst erwachsen sind, bei ihren Geschwistern beklagen: „Erinnerst du dich noch an diesen schrecklichen Witz von dem …, den Papa uns immer erzählt hat?" Seufzen und Stöhnen. „Oh nein, bitte nicht den!"

62 Bringen Sie Ihren Kindern bei, wie sie mit Schwierigkeiten umgehen können

„Alles wird gut." Sie haben diese Botschaft schon auf Karten und Bilderrahmen gesehen und vielleicht sogar auf einem Lesezeichen. Die biblische Quelle für diesen Spruch ist ein Bibelvers, der aussagt, dass Gott alle Dinge zu unserem Besten dienen lässt (Römer 8,28). Wenn Ihre Familie sehr schlimme Zeiten durchleben muss, fragen Sie sich mit Sicherheit, wie das Ihnen wohl zum Besten dienen soll. Es scheint beinahe unmöglich zu sein, dass irgendwann ein Tag kommt, an dem wieder die Sonne scheint.

Eine andere Möglichkeit, mit so etwas umzugehen, ist die „Auch das wird vorübergehen"-Haltung. Aber die gibt Ihnen das Gefühl, Sie würden etwas falsch machen und Sie müssten darauf warten, dass die Pechsträhne zu Ende geht. Irgendwann wird ein Tag kommen, an dem Sie Ihren Kindern sagen müssen, dass das Leben hart ist. Manchmal werden Sie sich noch nicht einmal im Boot halten können, wenn das Meer zu brodeln beginnt. Sie gehen über Bord und müssen sich abstrampeln, um den Kopf über Wasser zu halten.

Wenn unvermeidliche Schwierigkeiten auftauchen, wird Ihre Reaktion richtungweisend für Ihre Kinder sein. Verfluchen Sie Gott, und geben Sie ihm die Schuld an den Fehlern, die Sie selbst begangen haben? Oder gehen Sie der Sache auf den Grund und lernen von verpassten Möglichkeiten? Auch in Zeiten der Not und des Schmerzes kann die Vernunft regieren. Mit etwas Übung lernen Sie, die Verhaltensmuster abzulegen, die Sie und Ihre Kinder ins Abseits manövrieren – auch wenn sich dadurch nicht alle Schlaglöcher auf dem Lebensweg vermeiden lassen.

Gott steht Ihnen zur Seite. Sie können und werden durch Zeiten von Krankheit, Arbeitslosigkeit, Trauer und Schmerz hindurchkommen. Auch wenn es wehtut, diesen steilen Berg hinaufzuklettern, Sie können den peitschenden Sturm überstehen.

Lassen Sie Ihre Kinder beides sehen – Schönes und Schweres. Blicken Sie nicht ausschließlich auf das Schwere und blenden Sie das Schöne nicht aus. Unsere schlimmsten Momente werden dadurch abgemildert, dass Gott bei uns ist. Erzählen Sie Ihren Kindern von dieser Wahrheit, und schenken Sie ihnen einen Rettungsanker der Hoffnung, etwas Sicheres, an dem sie sich festklammern können, wenn Sie nicht mehr da sind, um ihnen durch raue Gewässer hindurchzuhelfen.

63 Veranstalten Sie einen Spielenachmittag

Besonders im Winter hat man viel Zeit, um wieder einmal Gesellschaftsspiele aus dem Schrank zu holen. Sie könnten mit Ihren Kindern zum Beispiel einen Klassiker wie „Mensch ärgere dich nicht" spielen. Dabei lernen die Kinder (und manchmal natürlich auch die Eltern!), dass Verlieren und Gewinnen sich abwechseln. Auch bei anderen Spielen kann die Frustrationstoleranz der Kinder (und der Eltern) erweitert werden. Ein praktischer Nebeneffekt bei Kartenspielen, Würfelspielen oder auch Bewegungsspielen ist, dass Ihre Kinder das Einhalten von Regeln lernen. Gleichzeitig können Sie Ihren Kindern beibringen, fair zu spielen, nicht zu mogeln und das Spiel von Anfang bis Ende durchzuhalten.

Spiele sind weitaus weniger ernst und stressig als der Alltag. Es ist eine Art „Probehandeln". Gelernte Verhaltensmuster können Ihre Kinder oft direkt im Alltag anwenden.

Schon mit den ganz Kleinen ist es möglich, Spiele zu spielen. Besonders beliebt sind Fingerspiele, die Sie ständig mit ihnen wiederholen können: „Das ist der Daumen, der schüttelt die Pflaumen ..." Kinder lieben die Berührungen und erweitern so ihren Wortschatz.

Spielen wird zu den menschlichen Grundfähigkeiten gerechnet. Das bedeutet, dass das Spielen als eine ursprüngliche Lebensäußerung angesehen wird, die sich selber nicht aus anderen Fähigkeiten heraus erklären lässt. Für Kinder stellt es einen Hauptinhalt ihres Lebens dar. Deshalb ist es wichtig, dass Sie spielerisches Handeln möglichst oft in Alltagssituationen einbauen. Wer kann am schnellsten die Wäsche aufhängen, wer ist Erster beim Einräumen der Spülmaschine? Gegen Langeweile beim Autofahren oder im Wartezimmer sollten Sie immer einen Würfel oder ein paar Karten in der Tasche haben. Viele unangenehme Aufgaben lassen sich durch eine spielerische Haltung in annehmbare Aktionen verwandeln.

Das gemeinsame Spiel kann auch eine Belohnung sein. Wenn alle ihre Zimmer aufgeräumt haben, können Sie sich anschließend als Familie zum „Monopoly"-Spielen zusammensetzen. Wichtig dabei ist vor allem, dass alle miteinander Spaß haben – man spielt, um zu spielen!

64

Machen Sie es sich mit Ihren Kindern auf dem Sofa gemütlich und schauen Sie sich einen Film an

Legen Sie doch einmal eine Pause ein, wenn Ihr Stresslevel das nächste Mal in astronomische Höhen schnellt. Schlüpfen Sie in Ihren Pyjama, stellen Sie ein paar kleine Snacks bereit, schnappen Sie sich Kissen und Decken, und machen Sie es sich vor dem Fernseher gemütlich. Ziehen Sie das Schlafsofa aus, legen Sie sich hin, und schauen Sie sich zusammen mit den Kindern einen Film an. Sorgen Sie für gedämpftes Licht und gute Laune. Verbannen Sie alle ernsten Gedanken und genießen Sie eine ungestörte Zeit mit Ihren Kindern.

Genießen Sie den Augenblick, während Sie miteinander im Dunkeln sitzen. Erfreuen Sie sich an den Albernheiten auf dem Bildschirm und davor. Vergessen Sie all Ihre Einkaufs- und To-do-Listen und hinausgeschobenen Aufgaben. Schieben Sie Ihre Pflichten in den „Später erinnern"-Ordner. Konzentrieren Sie sich auf den Moment und vergessen Sie die Sorgen von morgen. Diese Dinge laufen Ihnen nicht davon. Sie werden immer noch da sein, wenn Sie bereit sind, sich wieder damit zu beschäftigen.

Oft haben Eltern, wenn sie Zeit mit ihren Kindern verbringen, dabei noch so viele andere Dinge im Kopf, dass die Kinder nicht die volle Aufmerksamkeit bekommen. Nutzen Sie diese Pause, um zur Ruhe zu kommen und die Welt um Sie herum auszublenden. Kuscheln Sie sich mit Ihren Lieben aufs Sofa, und genießen Sie es, ihre Wärme und Nähe zu spüren. Ihre Kinder werden es toll finden und Sie auch. Machen Sie sich bewusst, wie Ihre Kinder ihre Hausaufgaben, ihre Fahrräder in der Einfahrt und den Rasen vergessen haben, den sie versprochen hatten, vergangenes Wochenende zu mähen. Sie konzentrieren sich voll und ganz auf den Spaß. Nehmen Sie sich an ihnen ein Beispiel.

Gemeinsam werden Sie sehen, wie wertvoll es ist, ab und zu ganz für den Augenblick zu leben. Das ist kein Verstoß gegen Gott. In der Bibel steht, dass wir sorgenfrei leben sollen. Welchen Sinn hat es, sich um die Zukunft zu sorgen, wenn Gott allein den Schlüssel dazu hat? Vergessen Sie während dieser kurzen Stunden die tägliche Tretmühle und Ihren vollen Terminkalender. Konzentrieren Sie sich auf den Spaß und die Familie.

65 Organisieren Sie eine Radtour für Ihre Nachbarn

Kennen Sie die vielen Menschen, die in Ihrer Nachbarschaft leben, zumindest mit Namen? Oder sind Sie eingezogen, haben ausgepackt und dann jahrelang nicht mehr Worte mit Ihren Nachbarn gewechselt als ein „Guten Tag" im Vorübergehen? Sie haben viel zu tun und die anderen ebenfalls, aber das ist keine Entschuldigung. Sie und Ihre Kinder können ihnen ein Stück näherkommen, indem Sie eine Fahrradtour für alle Nachbarn organisieren, die Lust dazu haben.

Laden Sie alle ein, die ein Fahrrad, einen Roller, Inlineskates oder einen Rollstuhl besitzen. Es geht um die Gemeinschaft, nicht ums Gewinnen. Je langsamer Sie fahren, desto mehr Gelegenheit haben Sie, die anderen kennenzulernen. Beginnen Sie damit, von Tür zu Tür zu gehen, um die Einladungen und die „Tour-Karte" auszuteilen. Suchen Sie eine einfache Strecke heraus, vielleicht eine Tour zu einem nahe gelegenen Park oder einem Schwimmbad. Nehmen Sie auf diejenigen Rücksicht, die vielleicht nicht so gut in Form sind. Knüpfen Sie Kontakte, aber sorgen Sie dafür, dass niemand vor Erschöpfung zusammenbricht.

Machen Sie unterwegs Fotos, wenn es dann so weit ist, damit Sie sie später gemeinsam anschauen können. Beenden Sie den Ausflug mit einer Einladung zum gemeinsamen Eisessen bei Ihnen zu Hause. Kaufen Sie einfach ein paar Familienpackungen Vanilleeis, und lassen Sie alle, die Lust haben, ihre Lieblingssoßen und -verzierungen für das Eis mitbringen. Und dann stellen Sie Schüsseln und Löffel bereit, und essen Sie, bis Sie nicht mehr können.

Ihre Kinder werden sehen, dass nachbarschaftliches Verhalten etwas Normales ist und dass es Freude macht, gastfreundlich zu sein. Das ist wichtig in einer Welt, in der die Technologie es uns ermöglicht, immer unabhängiger von anderen zu werden – und sich zu isolieren. Unsere Terminkalender sorgen dafür, dass wir mehr Zeit im Auto als auf unserer Terrasse oder unserem Balkon verbringen. Unsere Gartenzäune, die einmal soziale Treffpunkte waren, sind durch mannshohe Betonmauern ersetzt worden, die keine Kommunikation mehr zulassen. Es ist möglich geworden, ein paar Meter von seinen Nachbarn entfernt zu wohnen, ohne je ihre Namen zu erfahren.

Es ist wichtig, dass Kinder erkennen und schätzen lernen, welche Kraft die Gemeinschaft birgt und wie schön es ist, mit seinen Nachbarn eine Beziehung des gegenseitigen Gebens und Nehmens zu pflegen. Ihre Radtour wird Ihnen und Ihren Kindern helfen, wertvolle Kontakte zu knüpfen.

66 *Suchen Sie sich eine Lieblings- sportart aus und besuchen Sie alle Spiele*

Zueinander stehen – das ist die Grundlage einer stabilen Ehe, das Herz unserer Beziehung zu Gott und der Grund dafür, warum wir unsere Kinder lieben, auch wenn sie uns manchmal verrückt machen. Suchen Sie sich eine Lieblingssportart aus, und bleiben Sie Ihrem Team treu, ganz egal wie rau der Wind um Ihre Ohren pfeift. Gehen Sie zu jedem Spiel und feuern Sie Ihre Mannschaft an – und stehen Sie auch hinter dem, was Sie schreien! Sie und Ihre Familie werden das wandelnde Bild eines unerschütterlichen Fanklubs sein.

Wenn Ihnen das Eintrittsgeld zu hoch ist, das Sie für Profisport-Veranstaltungen bezahlen müssen, dann unterstützen Sie die Fußballmannschaft Ihrer Firma, das Tischtennisteam Ihrer Gemeinde oder den Kegelklub Ihres Stadtviertels. Suchen Sie sich einfach irgendeine Mannschaft, und unterstützen Sie sie dadurch, dass Sie ihr Ihre Zeit und Aufmerksamkeit schenken. Lassen Sie Ihre Kinder die Namen der Teammitglieder aufschreiben. Gehen Sie in den Pausen zu ihnen, klopfen Sie ihnen auf die Schulter, und muntern Sie sie mit einem „Gut gemacht, weiter so!" auf.

Es macht viel mehr Spaß, wenn alle die Regeln der Sportart kennen, für die Sie sich begeistern. Das braucht keine langwierige Geschichte zu werden. Machen Sie sich gemeinsam damit vertraut und fragen Sie sich gegenseitig die wichtigsten Punkte ab.

Vielleicht spielt Ihr Team so schlecht, dass Sie sich am liebsten die Augen zuhalten möchten. Lassen Sie sich nicht hängen! Es ist immer noch *Ihr* Team. Stehen Sie auf und rufen Sie: „Vorwärts, Jungs! Ihr schafft das!" Unterstützen Sie sie weiterhin, ganz egal wie sie spielen.

Ihre Kinder werden nicht nur ein paar Anregungen bekommen, welche Sportarten es gibt und welche sie selbst einmal ausprobieren könnten, sie werden auch sehen, wie wichtig es ist, jemandem treu zu bleiben. Nicht, weil es der (oder die) Beste, Schnellste oder Schönste ist, sondern einfach, weil sie es versprochen haben.

Genauso ist es, wenn wir in Gottes himmlischer Liga spielen. Er hat uns einen Platz in seinem Team gegeben – nicht, weil wir das verdient hätten, sondern weil er das so möchte. Und gleichgültig, ob wir gewinnen oder verlieren, er steht immer hinter uns und feuert uns an.

67 Ernähren Sie sich als Familie gesund und treiben Sie zusammen Sport

Haben Sie jemals gehofft, dass das Sprichwort „Man ist, was man isst" doch nicht so ganz zutrifft – vor allem, wenn Sie ab und zu auf das zurückblicken, was Sie in der vergangenen Woche alles in sich hineingestopft haben? Vielleicht sagt Ihnen die Waage, dass es an der Zeit ist, mehr Salat und weniger Nachtisch zu essen. Vielleicht haben Ihre Kinder ja auch schon mit Rettungsringen zu kämpfen?

Falls das so ist, dann treffen Sie doch als Familie die Entscheidung, sich in Zukunft gesünder zu ernähren. Allzu leicht gewöhnt man sich an, vor dem Fernseher zu knabbern, viel zu spät zu Abend zu essen oder Dinge zu sich zu nehmen, die einem nicht bekommen. Schlechte Gewohnheiten können überwunden und durch bessere ersetzt werden. Wenn Ihre Kinder schon ein bisschen zu gut in das familiäre Bild passen, ist es an der Zeit, etwas zu unternehmen.

Ihre Diät (das Wort bedeutet eigentlich nichts anderes als „Ernährungsweise") braucht nicht *sterbens*langweilig zu sein, aber Sie sollten sich ausgewogen und kalorienbewusst ernähren. Sie sollten den Verzehr von Snacks und Süßigkeiten, Limonaden und Saft zurückschrauben. Essen Sie nicht mehr so viel Fast Food. Sobald Ihre Familie Geschmack an gesunden Alternativen gefunden hat, wird sie nicht mehr so leicht in die alten Gewohnheiten zurückfallen.

Als Nächstes ist Bewegung angesagt. Beginnen Sie ein einfaches Programm, das im Wesentlichen aus Dehnungsübungen und Spaziergängen besteht. Wenn sich alle daran gewöhnt haben, fügen Sie ein paar Liegestütze, Sit-ups und einfache Hantelübungen hinzu, um Arme und Oberkörper zu trainieren. Lassen Sie sich gegebenenfalls von Fitness-Sendungen im Fernsehen anregen oder suchen Sie im Internet nach hilfreichen Büchern oder nach Tipps.

Manche Kinder lassen sich schnell für eine gesunde Lebensweise begeistern. Anderen wird es ein bisschen mehr Mühe machen, sich darauf einzulassen. Bleiben Sie beharrlich. Mit der Zeit werden auch die Kinder, die besonders widerstrebend sind, die Vorteile einer gesünderen Lebensweise zu schätzen lernen.

Wenn Sie Ihren Kindern helfen, sich gute Ernährungsgewohnheiten anzueignen und sich regelmäßig zu bewegen, steigern Sie dadurch ihre Chancen, ein langes, glückliches Leben zu führen. Und Sie helfen ihnen, die Fehler zu vermeiden, die Sie vielleicht selbst gemacht haben. Werfen Sie einen Blick auf die Uhr. Ist es beinahe Essenszeit? Ändern Sie ein paar Dinge – genau jetzt, bevor Sie den Tisch decken.

68 *Gehen Sie im Regen spazieren – mit nur einem Schirm*

Es gibt nichts Schöneres als einen Regenschauer im Frühling. Wenn Ihnen das nächste Mal ein warmer Regen einen Strich durch Ihre Pläne macht, dann versuchen Sie doch einmal, das Beste daraus zu machen. Laden Sie die ganze Mannschaft ein, sich unter einem extragroßen Regenschirm zu versammeln und einen Spaziergang zu machen. Solange es kein Gewitter ist, wird der Schirm Ihnen zumindest ein bisschen Schutz vor dem kühlen Nass bieten. Aber was noch wichtiger ist: Es wird Ihnen Spaß machen, nass zu werden und den Menschen, die Sie lieb haben, ganz nahe zu sein.

Gehen Sie langsam. Achten Sie darauf, wie schön die frisch gewaschene Welt aussieht. Wie die Straßenschilder und die vorbeifahrenden Autos glänzen und wie sauber alles wirkt. Versuchen Sie nicht, „Singing in the rain" zu singen – obwohl das auch sehr nett sein kann, vor allem, wenn es Ihnen Spaß macht, Ihre Kinder ein bisschen auf den Arm zu nehmen!

Bei einem solchen Spaziergang im Regen werden Sie Dinge

sehen, die Ihnen vom Auto oder Bus aus noch nie aufgefallen sind: herablaufendes Wasser aus Dachrinnen und Regenrohren, das am Weg kleine Rinnsale bildet. Katzen und Hunde, die sich die Nässe aus dem Fell schütteln. Sie gewinnen eine ganz andere Perspektive, wenn Sie sich nicht in der trockenen Wohnung, sondern draußen im Regen aufhalten.

Genießen Sie die Nähe zu Ihren Kindern. Halten Sie den Schirm abwechselnd. Die jüngeren müssen sich vielleicht auf die Zehenspitzen stellen und die Arme ausstrecken, während die älteren den Kopf einziehen. Wenn Sie gemeinsam unter einem Schirm sind, müssen alle ein bisschen abgeben und teilen. Sie werden erfahren, was es heißt, im Team zu arbeiten und darauf zu achten, dass es auch dem bzw. der anderen gut geht.

Sie werden auch entdecken, dass Gottes Regen tatsächlich auf uns alle fällt. Sie werden kein Haus entdecken, das trocken in der strahlenden Sonne steht. Wenn es regnet, werden alle nass. So ist es auch mit Gottes Liebe: Sie ist ein Geschenk, das er auf jeden von uns herabregnen lässt – und es ist mehr als genug für alle da!

69 *Lernen Sie gemeinsam ein Gedicht auswendig*

„Gedichte sind langweilig und öde!", sagen manche. Aber warum haben viele eine so negative Einstellung zu Gedichten? Vielleicht erinnern auch Sie sich noch mit Schaudern an einen beflissenen Lehrer, der es Ihnen unmöglich gemacht hat, sich von einem Sonett berühren und begeistern zu lassen. Gute Gedichte sprechen uns an – oder sollten es zumindest. Jedes Lied, das Sie lieben, jede Grußkarte, die Sie schmunzeln lässt, und sogar Abschnitte aus Ihren Lieblingsromanen sind in poetischer Sprache verfasst. Ob ein Text sich reimt oder nicht, ist dabei völlig irrelevant.

Versuchen Sie doch mal, einen Gedichtabend zu veranstalten. Suchen Sie ein Gedicht aus, von dem Sie annehmen können, dass es der ganzen Familie gefällt. Vielleicht den „Zauberlehrling" von Johann Wolfgang von Goethe oder Theodor Fontanes „Herr von Ribbeck auf Ribbeck im Havelland". Lesen Sie es laut vor. Aber sprechen Sie die Worte nicht einfach nur aus, sondern denken Sie vorher darüber nach. Befassen Sie sich mit der

Bedeutung hinter den Worten, um die Intention des Dichters zu erkennen. Lesen Sie mit viel Gefühl, und sprechen Sie so laut, leise oder schlicht wie nötig, damit das Gedicht lebendig wird.

Vielleicht können Sie auch vorschlagen, dass jeder sich ein kurzes Gedicht vornimmt, das er oder sie auswendig lernt. (Wahrscheinlich müssen Sie bei der Auswahl behilflich sein.) Das wird nicht nur eine Herausforderung für Ihre Kinder sein, es wird auch eine oft vernachlässigte Fähigkeit trainieren. Manche Dinge – wie das kleine Einmaleins – muss man einfach auswendig lernen. Diese Übung zeigt Ihren Kindern, dass sie es schaffen können, etwas auswendig zu lernen.

Wenn alle ihr Gedicht gut beherrschen, dann veranstalten Sie einen Vorführabend, aber machen Sie keine zu große Sache daraus. Sie werden auch schon bei einem ganz einfachen Abend so nervös und aufgeregt sein wie Ihre Kinder. Zuhörer wie Vortragende werden bereichert werden, wenn die poetischen Bilder aufblitzen.

Echte Poesie lässt nicht zu, dass wir über tiefe Inhalte hinweggehen. Sie zwingt uns zum Nachdenken und gibt uns Zeit, uns auf Freude und Schmerz einzulassen. Das Leben Ihres Kindes ist ein Gedicht, das Gott geschrieben hat. Helfen Sie ihm, die Schönheit zu entdecken, die er in seine Seele eingraviert hat.

70 *Bringen Sie Ihren Kindern bei, still zu sein und zuzuhören*

Mangelnde Höflichkeit ist ein immer wieder zu beobachtendes Phänomen. Manchmal sind wir erschüttert und beschämt, wenn wir sehen, wie Kinder reden und reden und dabei völlig ignorieren, was man zu ihnen sagt. Ganz ungeachtet, ob Sie der Gesellschaft oder sich selbst die Schuld daran geben: Werden Sie aktiv, und sorgen Sie dafür, dass Unhöflichkeit sich in Ihrer Familie nicht weiter ausbreiten kann.

Eltern und Kinder sind nicht gleich. Wir stehen nicht auf einer Stufe, auch wenn wir gern so tun möchten, als ob das der Fall wäre. Wenn Sie für Ihre Kinder nur Freunde und nicht Eltern sind, dann zerstören Sie ein empfindliches Gleichgewicht, das Gott geschaffen hat. Wenn Sie in ein solches Verhaltensmuster hineingerutscht sind, können Sie wahrscheinlich bestätigen, wie ineffektiv und frustrierend das sein kann.

Manchmal müssen Sie Ihren Kindern Dinge sagen, die diese lieber nicht hören würden. Das gibt Ihnen zwar nicht das Recht, Ihre Kinder einzuschüchtern, aber sehr wohl die Erlaubnis, die

Initiative zu ergreifen und sich Gehör zu verschaffen. Außerdem verfügen Sie über einen reichen Erfahrungsschatz, der Ihre Kinder vor Schaden bewahren kann. Darum kann es im Familienalltag manchmal erforderlich sein, dass Sie freundlich, aber bestimmt sagen: „Sei jetzt bitte still und hör zu."

Das ist nötig, wenn die Stimmen so laut und die Argumente so verletzend werden, dass jede Kommunikation zusammenbricht. Oder, noch schlimmer, zu einer Einbahnstraße wird. Gott möchte, dass Eltern den ihnen zugedachten Platz einnehmen und nicht länger den Fußabtreter für fordernde, undisziplinierte Kinder spielen.

Wenn Ihre Kinder von zu Hause ausziehen, werden sie zweifellos mit Autoritätspersonen wie Professoren oder Arbeitgebern konfrontiert werden. Sie werden anderen viel voraushaben, wenn sie gelernt haben, solchen Menschen mit Respekt zu begegnen und aufmerksam zuzuhören, wenn diese etwas sagen.

Wenn es also an der Zeit ist – und Sie werden genau wissen, wann es so weit ist –, dann setzen Sie sich durch und fordern Sie die Aufmerksamkeit ein, die Ihnen zusteht. Sagen Sie ehrlich, was Sie auf dem Herzen haben. Versichern Sie Ihren Kindern, dass sie danach genügend Zeit haben werden, um Fragen zu stellen und ihre Meinung zu sagen. Diese Art von Aufrichtigkeit ist ein guter Weg, um schwache Beziehungen wieder aufzubauen und starke weiter zu festigen.

71 Bringen Sie Ihren Lieben ein Ständchen

Haben Sie schon mal ein „musikalisches Telegramm" bekommen? Die Tradition, seinen Lieben ein Ständchen zu bringen, hat eine lange Geschichte. Selbst die Unmusikalischsten haben es sich nicht nehmen lassen, sich in die Schar der Minnesänger einzureihen. Früher sang ein junger Mann laut für seine Angebetete, während diese ihn von ihrem Schlafzimmerfenster aus anhimmelte. Und gerade diese Spontaneität macht solche Ständchen zu etwas so Besonderem – oder sorgt zumindest dafür, dass man sie nicht vergisst.

Singen Sie Ihrem Kind ein Lied vor, wenn Sie es in den Schlaf wiegen. Schauen Sie dem Kleinen in die Augen, bis er einschläft. Betrachten Sie sein süßes Gesicht. Vielleicht möchten Sie dem Lied eine persönliche Note verleihen, indem Sie den Namen des Kindes einsetzen, wo es passend ist. Kinder lieben es, persönlich angesprochen zu werden. Und sie finden es toll, wenn auch die Namen ihrer Geschwister in dem Lied vorkommen.

Leider wird diese Bereitwilligkeit, sich etwas vorsingen zu lassen, nicht ewig anhalten. Wenn die Kinder größer sind, werden sie mit gemischten Gefühlen auf Ihre musikalischen Bemühungen reagieren, auch wenn sie noch so gut gemeint sind und voller Enthusiasmus vorgetragen werden. Es ist ihnen schrecklich peinlich, wenn das jemand mitbekommt. Wenn Sie trotzdem singen, dann tun Sie es lieber leise. (Vielleicht bekommen Sie ja eine Sondergenehmigung für ein Solo, wenn Ihr Kind Geburtstag hat?) Aber grundsätzlich gilt: Lassen Sie sich nicht einschüchtern. Warnen Sie Schlafmützen, dass sie sich darauf gefasst machen können, von einem zündenden Lied aus den Federn gescheucht zu werden, wenn sie den Wecker ignorieren.

Während der Teenagerjahre müssen Sie sich vielleicht darauf beschränken, Ihrem Heranwachsenden in Ihrem Herzen ein Lied zu singen, das von Akkorden der Stille begleitet wird. Falls er (oder sie) nicht völlig immun dagegen ist, öffentlich blamiert zu werden, wird Ihr Teenager es Ihnen nicht danken, wenn Sie in der Pizzeria oder bei einem Sportwettbewerb in der Schule auftauchen, um ein Lied zu schmettern. Im Gegenteil, er oder sie wird froh sein, wenn Sie darauf verzichten. Glücklicherweise geht diese schwierige Zeit nach ein paar Jahren vorüber.

Eines Tages sind Ihre gesanglichen Fähigkeiten möglicherweise wieder willkommen – vielleicht zum Examen oder zur Hochzeit Ihres Sohnes oder Ihrer Tochter. Wenn die Zeit gekommen ist, dann nehmen Sie Ihre Kinder fest in die Arme und singen Sie leise: „Jesus liebt dich." Sie werden sich daran erinnern.

72 Machen Sie eine nächtliche Reise durch die Milchstraße

Sie sind kein Zufallsprodukt – und Ihre Kinder auch nicht. Die Wahrheit dieser Aussage funkelt am nächtlichen Himmel. Die Sterne dort oben senden Licht hinaus in ein fortwährend expandierendes Universum. Das bedeutet natürlich, dass unsere Welt irgendwann und irgendwo ihren Anfang genommen hat. Irgendjemand hat den Startknopf gedrückt.

Er war zu Beginn aller Zeiten schon da und wartet auf uns an der Ziellinie – das verraten uns die Sterne, die am Himmel stehen. Erinnern Sie Ihre Kinder daran, dass ihr blauer Planet sicher in Gottes starken Händen ruht.

Blicken Sie heute Nacht zum Himmel hinauf. Können Ihre Kinder den Polarstern, den Großen Bären oder gar den Kleinen Bären finden? Wenn nicht, könnte es an der Zeit sein, dass Ihre Familie Ihre heimische Milchstraße kennenlernt. Diese einzigartigen Sternbilder halfen Seeleuten überall auf der Welt, und sie führen auch Ihre Familie zu Ihrem Schöpfer. Mit ein wenig Einsatz können Sie eine persönliche Sternenreise für Ihre Kinder ausarbeiten.

Informieren Sie sich, bevor Sie damit beginnen, in Ihrer Bibliothek oder im Internet über die Milchstraße und Sternenbilder. Mit ein paar Hilfsmitteln werden Sie imstande sein, einige der bekanntesten Sternbilder zu identifizieren. Betrachten Sie voller Bewunderung die Sterne, die Gott an den Himmel gesetzt hat. Stellen Sie sich das einmal vor! Er wusste, dass Sie und Ihre Kinder eines Tages gemeinsam zu den Sternen hinaufschauen und dass sie Sie an ihn erinnern würden.

Junge Männer und Frauen träumen davon, zwischen den Sternen zu reisen. Astronauten sind auf dem Mond herumgelaufen, und in ein paar Jahren ist es vielleicht schon möglich, auf dem Mars zu landen. Die Zeit wird es zeigen. Und doch: So weit wir auch reisen mögen, wir können Gottes wachsamen Augen nicht entgehen. Er sieht uns im hellsten Licht und in der tiefsten Dunkelheit. Sprechen Sie mit Ihren Kindern über diese Wahrheit.

Gott hat alles gemacht und weiß alles. Er liebt Ihre Kinder so sehr, dass er jenes perfekte Gleichgewicht von Sonne, Sternen und Planeten geschaffen hat. Ohne Zweifel ist unsere Welt bewusst und intelligent geplant worden – ebenso wie Ihre Kinder!

73 *Bringen Sie Ihren Kindern Ordnung und Sauberkeit bei*

Haben Sie schon mal die Tür zu einem Kinderzimmer aufgemacht und das Gefühl bekommen, das Chaos würde herausspringen und nach Ihnen schnappen? Im Gegensatz zu den Erwartungen der meisten Eltern sind Kinder – von ein paar bemerkenswerten Ausnahmen abgesehen – nicht von Natur aus ordentlich. Die meisten sind sogar geradezu extrem unordentlich!

Es ist nie zu früh, auf ein paar einfachen Regeln zu bestehen, die der Gesundheit dienlich sein können: vor dem Essen die Hände zu waschen, regelmäßig die Zähne zu putzen und die Fingernägel zu schneiden. Sie können spätere Probleme bei diesen Dingen vermeiden, wenn Sie frühzeitig und deutlich zum Ausdruck bringen, was Sie von Ihren Kindern erwarten.

Dasselbe gilt, wenn es darum geht, einen Sinn für Ordnung zu entwickeln. Wenn Sie möchten, dass Ihre Kinder ihre Betten machen, dann bringen Sie es ihnen bei, sobald sie dazu imstande sind, ein Kissen aufzuschütteln und eine Decke zurechtzuziehen. (Achten Sie aber darauf, dass Sie selbst Ihr Bett auch machen!) So sollten Sie es auch handhaben, wenn Ihre Kinder Kleidungsstücke wieder in den Schrank legen und Spielzeug wegräumen sollen. Wenn Ihre Kinder diese grundlegenden Fähigkeiten regelmäßig wiederholen, werden sie zu ihrer zweiten Natur. Stellen Sie sich aber darauf ein, dass Sie Ihre Kinder so lange zum Aufräumen bewegen müssen, bis ihnen diese Gewohnheiten in Fleisch und Blut übergegangen sind. Eine an den Badezimmerspiegel geklebte Checkliste wirkt Wunder, besonders, wenn Ihre Kinder Ermahnungen permanent ignorieren und Sie deshalb bestimmte Sonderrechte streichen.

Sauberkeit ist ein Zeichen von Selbstachtung. Das Selbstwertgefühl Ihres Kindes zeigt sich an seiner Kleidung und seinem Haarschnitt. Manchmal geht es nicht um eine bösartige Intrige oder offene Rebellion. Kinder folgen einfach dem allgemeinen Trend. Wenn Sie jedoch feststellen, dass ein allzu provokatives Äußeres dazu führt, dass das Ansehen der Familie leidet, sollten Sie professionelle Hilfe in Anspruch nehmen.

Regelmäßiges Duschen, ein sauberes Gesicht und eine gepflegte Frisur sind Gebote der Höflichkeit. Ihr Kind sollte sich deshalb die entsprechenden Gewohnheiten angeeignet haben, lange bevor es von zu Hause ausziehen wird. Ihre Kinder müssen sehen, dass das Äußere zählt – für zukünftige Arbeitgeber, Mitbewohner und spätere Ehepartner. Es zeigt der Welt, wie ein Mensch sich selbst sieht. Bringen Sie Ihren Kindern bei, wie wichtig es ist, einen guten ersten Eindruck zu hinterlassen.

74 Vermitteln Sie Ihren Kindern gute Lerntechniken

Gute Lerntechniken verschaffen Ihrem Kind die Voraussetzungen für schulischen Erfolg. Regelmäßige ablenkungsfreie und ungestörte Zeit für Hausaufgaben verbessert die Aussichten auf gute Noten. Sie und Ihr Ehepartner haben Ihren Schul- oder Studiumsabschluss vielleicht an der „Schieb's raus bis nach Mitternacht"-Akademie gemacht, aber lassen Sie diese Tradition nicht mit Ihren Kindern wieder aufleben. Bringen Sie die erforderlichen Opfer, um Ihrem Nachwuchs die Möglichkeit zu geben zu glänzen.

Schenken Sie Ihren Kindern reinen Wein ein. Erzählen Sie ihnen von den Fehlern, die Sie selbst gemacht haben, und sagen Sie ihnen, wie sehr Sie sich wünschten, Sie hätten eine feste Zeit und einen festen Ort gehabt, um Ihre Aufgaben zu erledigen. Geben Sie Ihre Schwächen zu, aber gehen Sie auch einen Schritt weiter und weisen Sie auf das enorme Potenzial hin, das in Ihren Kindern steckt.

Die Erfolgsaussichten verbessern sich, wenn man diszipliniert bei der Vorbereitung auf Klassenarbeiten und Aufsätze arbeitet. Regelmäßiges Lernen ermöglicht kontinuierliche Fortschritte und beugt Überlastungen vor. Ermutigen Sie Ihre Kinder, ihre Ziele schriftlich festzuhalten und zu notieren, wenn sie sie erreicht haben. So können sie sie von ihrer Liste streichen. Bringen Sie Ihre Kinder dazu, langfristig zu planen. Wenn sie heute fleißig arbeiten, öffnet ihnen das gute Zukunftschancen: vielleicht eine gute Arbeitsstelle, berufliche Erfüllung oder die finanzielle Sicherheit, die erforderlich ist, um eine Familie zu versorgen. Heute die richtige Einstellung zu haben und daran festzuhalten, garantiert späteren Lohn.

Jede Art von Arbeit kann ermüden und geistige Anstrengungen können besonders erschöpfend sein. Sorgen Sie dafür, dass Ihre Kinder Pausen machen und dass ihnen Snacks und Getränke zur Verfügung stehen, um neue Energie zu tanken. Bringen Sie ihnen bei, dass auch das Gebet ihnen helfen kann, sich auf die jeweiligen Aufgaben zu konzentrieren. Dadurch können Sie auch seelisch gestärkt werden. Ebenso können ein paar Minuten Spaß zur Belohnung nach einer anstrengenden Lerneinheit helfen, um mit neuer Kraft und Motivation weiterzuarbeiten.

Bringen Sie Ihren Kindern nahe, dass das Lernen um seiner selbst willen wertvoll ist. Nichts schenkt mehr Befriedigung – selbst wenn alle anderen es schneller kapieren. So etwas gleicht sich mit der Zeit aus, wie Sie selbst aus Erfahrung wissen. Wahres Wachstum bedeutet, für sich selbst lohnende Ziele zu erkennen und sich bewusst auf Herausforderungen einzulassen. Ermutigen Sie Ihre Kinder dazu, dies zu tun.

75 Suchen Sie eine(n) Brieffreund(in) für Ihre Familie

Kinder und Gefangene mögen sie und auch Ihre alte, unverheiratete Tante: die gute alte „Schneckenpost". In unserem von E-Mails, „Instant Messaging" und Kommunikationsflut geprägten Zeitalter vergisst man leicht, welche Bedeutung ein Brief haben kann, vor allem für einsame Menschen.

Wenn Sie als Familie eine Brieffreundschaft beginnen, gibt das Ihren Kindern die Gelegenheit, einen neuen Kontakt zu knüpfen und zu entdecken, wie viel Freude und Mut man einem anderen mithilfe des zwar geschätzten, aber heute wenig genutzten Mediums Brief machen kann. Sehen Sie sich Ihren eigenen Bekanntenkreis an, und wählen Sie eine Person aus, die sich freuen würde, die aktuellsten Neuigkeiten aus Ihrer Familie zu erfahren. Vielleicht entscheiden Sie sich auch für jemanden, der allein oder weit von zu Hause entfernt lebt.

Eine andere Möglichkeit besteht darin, über eine Hilfsorganisation Briefkontakt zu einem Kind in einem Dritte-Welt-Land aufzunehmen. Viele Organisationen möchten, dass Sponsoren den von ihnen unterstützten Kindern persönliche Briefe schicken. Ihre Kinder werden sich freuen, Fotos vom anderen Ende der Welt zu bekommen und vom Leben eines Menschen zu erfahren, dessen Alltag sich stark von ihrem eigenen unterscheidet.

Einen Brief zu schreiben kann ein langsamer Prozess sein, der viel Nachdenken erfordert. So sollte es auch sein. Nehmen Sie sich Zeit, um Ihre Sätze sorgfältig zu formulieren und über die richtigen Worte nachzudenken. Um gute Briefpartner zu sein, müssen Sie und Ihre Kinder Ihre Herzen öffnen. Ihre Familien-Brieffreundschaft wird Ihren Kindern zeigen, dass Briefe dem Schreiber und dem Empfänger gleichermaßen Hoffnung schenken können.

Wahrhaftigkeit lebt von wechselseitiger Kommunikation. Der zeitliche Abstand zwischen Brief und Antwort sorgt dafür, dass Spannung und Vorfreude entstehen. Ihre Kinder werden sich daran gewöhnen, auf den Postboten zu warten.

Während Sie Ihren Familienbrief verfassen, können Sie Ihre jungen Schreiber an einen bemerkenswerten Liebesbrief erinnern, der direkt an sie gerichtet ist: die Bibel. Sie können jederzeit darin lesen; die Kommunikation mit Gott erfordert keine Briefmarken und keine Wartezeit.

76 Feiern Sie persönliche Erfolge mit einem Familienfest

Eine Lampe sollte man nicht unter einen Topf stellen und eine gute Nachricht sollte man auch nicht einfach übergehen. Nehmen Sie Notiz davon, wenn Ihren Kindern etwas Tolles gelungen ist. Loben Sie ihre Leistungen und feiern Sie sie gemeinsam – auch wenn Sie zweimal hingucken müssen, um sie zu sehen.

Unterschiedliche Kinder haben unterschiedliche Fähigkeiten. Wenn ein Kind sich ehrlich bemüht, hat es Lob und Anerkennung verdient, ganz egal, ob es ein kleines Genie ist oder nur langsam Fortschritte macht. Bevorzugen Sie nie ein Kind, weil es in Prüfungen gut abschneidet. Achten Sie mehr auf seinen Einsatz, als auf die bloße Begabung. Schauen Sie hinter die lächelnde Maske und nehmen Sie die inneren Mühen und Kämpfe wahr. Was Ihnen leichtgefallen ist, kann für Ihre Kinder eine harte Nuss sein. Eine Drei in einem schwierigen Fach verdient genauso viel Anerkennung wie eine Eins in einem leichten – wahrscheinlich sogar mehr.

Kleine und große Erfolge sollten am Familientisch und in den

Rundbriefen zum Jahresende bekannt gegeben werden. Überlegen Sie sich besondere Möglichkeiten, um „Herzlichen Glückwunsch!" zu sagen. Sie könnten zusammen essen gehen oder sich eine besonders lecker belegte Familienpizza bringen lassen. Wenn Ihre Kinder gern Bücher oder Kleidung kaufen, dann schenken Sie ihnen Gutscheine, die sie nach ihrem eigenen Geschmack einlösen können. Sie werden die Belohnung zu schätzen wissen, und Sie selbst werden sich freuen, wenn Sie sehen, wie Ihre Kinder dadurch motiviert werden, noch fleißiger zu arbeiten als zuvor.

Wenn Sie versuchen, Ihre gesamte Familie einzubeziehen, begreifen Ihre Kinder, wie stolz Sie auf sie sind. Jeder Mensch freut sich über verdientes Lob und genießt es, ab und zu ein bisschen im Rampenlicht zu stehen. Kinder sollten auch lernen, die Erfolge ihrer Geschwister zu feiern. Sie lernen dadurch, sich darüber zu freuen, wenn jemand anderes im Mittelpunkt steht. Das ist eine wichtige Fähigkeit für das Leben.

Die Erfolge werden zunehmen, wenn sie mit Ermutigung „gewässert" werden. Zeigen Sie, wie sehr Sie sich freuen, wenn Ihre Kinder glänzen. Lassen Sie sie wissen, dass auch Gott ihnen zulächelt. Sorgen Sie dafür, dass sich die ganze Familie mitfreut. Ihre Kinder werden bereitwilliger mitjubeln, wenn sie wissen, dass auch sie eines Tages an der Reihe sind.

77 Erfinden Sie ein Familiensignal

Vielleicht kennen Sie die Situation: Sie befinden sich in einem Schwimmbad, die Kinder sind irgendwo in einer Umkleidekabine verschwunden, der Geräuschpegel ist hoch, und Sie wollen die Kinder finden, ohne sie zu rufen. Da eignet sich ein Familiensignal, zum Beispiel ein Pfiff, ein bestimmter Liedanfang oder ein Schnalzlaut. Lassen Sie Ihrer Fantasie freien Lauf. Sie können auch die ganze Familie mit Schlüsselanhängern ausstatten, die piepsen, quietschen oder knattern. Hauptsache, Ihre Familie erkennt das Signal. So finden Sie sich in größeren Menschenmengen leichter wieder.

Mithilfe verschiedener Klatschrhythmen können Sie sogar eine Art Geheimsprache entwickeln. Dreimal kurz bedeutet: „Komm schnell her!" Mehrfaches schnelles Klatschen könnte den leidigen Satz „Beeil dich!" ersetzen. Praktisch ist auch ein Gong, der ankündigt, wenn das Essen fertig ist.

Auch Zeichen aus dem Kindergarten oder der Schule können Sie übernehmen. Wenn Sie möchten, dass es leise ist, legen Sie mit der einen Hand den Zeigefinger vor den Mund und strecken die andere Hand nach oben. Jeder, der das Zeichen sieht, macht es nach, bis alle leise sind. Unangemessene Gesten wie „Vogel zeigen" können Sie zum Beispiel durch Zupfen am Ohrläppchen ersetzen.

Solche Geheimzeichen stärken das Zusammengehörigkeitsgefühl in Ihrer Familie. Sie können auch ein Codewort oder eine Parole vereinbaren. Falls Ihre Kinder von Fremden angesprochen werden, die behaupten, von Ihnen beauftragt worden zu sein, sie mitzunehmen, müssen sie erst das Codewort nennen. Ihren Kindern bietet dieses Wissen Sicherheit und es kann in Notfällen eine echte Hilfe sein. Das Geheimwort sollten Ihre Kinder mitbestimmen dürfen. Es kann auch eine Abkürzung sein, zum Beispiel könnte „Füdini" für „Fürchte dich nicht" stehen. Ein solches Codewort lässt sich auch schnell mal vor einer Prüfung zuflüstern.

Ein Familiengeheimnis kann auch ein viermaliges Drücken der Hand sein: „Ich hab dich lieb!" Der andere drückt drei Mal zurück: „Ich dich auch!" Probieren Sie es aus und staunen Sie über den wachsenden Familienzusammenhalt.

78 „Feuer, Messer, Schere, Licht dürfen kleine Kinder nicht!"

Dieser Spruch kommt Ihnen sicher noch aus Ihrer eigenen Kindheit bekannt vor und zweifellos drückt er etwas Wichtiges aus. Kinder sollten nie ohne Aufsicht mit Feuer hantieren. Auch der Umgang mit scharfen Messern und spitzen Scheren ist ihnen nicht angeboren. Aber gerade deshalb ist es wichtig, dass Ihre Kinder den Umgang mit den „gefährlichen" Gegenständen kennenlernen dürfen. Wenn sie unter Aufsicht kontrolliert Scheren, Messer und andere Gegenstände in die Hand bekommen, lernen sie ihre eigenen Grenzen kennen und können Gefahren besser einschätzen. Wenn Sie Ihren Kindern nie die Möglichkeit geben, diese Dinge selbst auszuprobieren, können sie deren Gefährlichkeit nicht erfahren. So werden diese dann erst recht anziehend und gefährlich.

Ihre Kinder spüren, ob Sie ihnen etwas zutrauen oder nicht, und sie werden sogar durch Ihre Unsicherheit wiederum selbst verunsichert. Wenn man einem Kind immer wieder sagt, es sei unfähig, dieses oder jenes zu tun, dann wird es auch wirklich nicht in der Lage sein, dieses oder jenes zu tun. Trauen Sie Ihren Kindern deshalb immer mehr zu, dann werden sie sicherer und selbstständiger. Gleichzeitig sinkt beim gemeinsamen Austesten von Grenzen die Wahrscheinlichkeit, dass Ihre Kinder etwas hinter Ihrem Rücken tun. Es wird beruhigend für Sie sein, dass Ihr Kind mit Feuer umzugehen weiß. Zeigen Sie Ihren Kindern, wie Kerzen mit Streichhölzern oder mit einem Feuerzeug angezündet werden. Falls Ihre Kinder ein Feuerzeug finden, werden sie sich weniger verbrennen, wenn sie wissen, wie so etwas bedient wird. Machen Sie aber dennoch immer auch darauf aufmerksam, dass Feuer oder spitze Gegenstände trotz aller Erfahrung gefährlich sind.

Trainieren Sie bei Scheren die Motorik zunächst mit etwas stumpferen Kinderscheren, bevor Sie danach zu schärferen wechseln.

Ein Kindergartenkind sollte in der Lage sein, sein Brot selbst zu schmieren. Zeigen Sie Ihren Kindern mit einem stumpferen Messer, wie man ein Brot schmiert.

Kinder sind oft viel geschickter, als die Erwachsenen glauben. Sie wollen gerne mithelfen und ahmen viel nach. Wenn sie sehen, dass die Eltern mit Hammer und Nagel hantieren, werden sie das auch probieren wollen.

Trauen Sie Ihren Kindern etwas zu! Helfen Sie ihnen, zu selbstsicheren Persönlichkeiten heranzuwachsen, die mutig Dinge ausprobieren, aber auch erkennen, wenn etwas zu gefährlich ist.

79 Erziehen Sie Ihre Kinder zur Sparsamkeit

Was wünschen sich Ihre Kinder? Je mehr Produkte auf dem Markt sind, desto länger werden die Wunschlisten. Je mehr es gibt, desto mehr „brauchen" sie. Je größer und bunter und auffälliger der Gegenstand, desto besser. Kinder fühlen sich benachteiligt, wenn sie die modernsten Spielzeuge nicht besitzen. Sie könnten so viel mehr machen, wenn sie nur das Geld dazu hätten, diese Aussage kennen Sie sicher. Und vielleicht kennen Sie auch das Gefühl, das sich dahinter verbirgt.

Die guten alten Zeiten kontinuierlichen Wirtschaftswachstums sind vorüber; heute leben wir in einer Zeit konjunktureller Probleme. Ebenso wie Unternehmen sich „gesundschrumpfen", müssen auch Familien lernen, die Ansprüche herunterzuschrauben. Machen Sie Ihren Kindern bewusst: Dass Essen auf dem Tisch steht und sie in einer warmen Wohnung leben, ist kein selbstverständliches Recht, sondern ein Privileg. Sprechen Sie über diejenigen, die viel weniger besitzen als Ihre Kinder. Erklären Sie ihnen, dass die fabrikneuen

Fahrzeuge und neuesten technischen Spielzeuge auch mal warten müssen.

Sparsamkeit ist heutzutage ausgesprochen unmodern und unpopulär, und Sie können Ihr Anliegen nicht überzeugend vertreten, wenn Sie selbst ständig am Limit Ihres Kreditrahmens leben. Die Aufforderung „Lasst uns mit weniger auskommen" klingt geheuchelt, wenn Sie selbst mit beiden Händen nach allem greifen, was Sie sehen. Bringen Sie Ihren Kindern bei, dass Zufriedenheit nicht von dem abhängt, was man besitzt oder für die Zukunft plant. Kreditgesellschaften betonen nur, was Sie für das Geld bekommen können, aber sie weisen nicht auf die Schulden hin, die Sie dafür anhäufen.

Zeichnen Sie ein Diagramm, um Ihren Kindern zu zeigen, wie teuer es ist, mit geliehenem Geld einzukaufen. Nehmen Sie im Einkaufszentrum die Schuhe in die Hand, um die sie gebettelt haben. Bieten Sie ihnen an, ihnen das Geld zu leihen. Aber erklären Sie ihnen, dass Sie Zinsen nehmen werden, was bedeutet, dass sich der Preis für die Schuhe verdoppelt oder verdreifacht. Wäre es nicht besser, wenn man auf das, was man sich wünscht, spart, statt es zu kaufen, bevor man es sich leisten kann?

Lernen Sie, ganz bewusst weniger auszugeben, als Sie verdienen. Dann werden Sie verstehen, was wahre Zufriedenheit ist. Geld kann keine wahre Freude schenken. Zufrieden zu sein mit den guten Gaben Gottes – das ist es, was uns wirklich glücklich macht. Bringen Sie Ihren Kindern bei, dass es nicht nur möglich, sondern auch besser ist, sein Geld zusammenzuhalten.

80 Machen Sie aus einer gewöhnlichen Mahlzeit ein besonderes Erlebnis

Essen gehört zur täglichen Routine. Natürlich ist es gut, wenn sich die Familie zu regelmäßigen Zeiten am Tisch trifft. Aber gönnen Sie sich doch hin und wieder eine Ausnahme und machen Sie aus den normalen Mahlzeiten etwas Besonderes. Essen Sie doch mal im Dunkeln! Veranstaltungen, bei denen man ein teures Abendessen ohne Licht buchen kann, erfreuen sich wachsender Beliebtheit. Das Ganze geht auch billiger und einfacher. Sie brauchen nur eine Taschenlampe, ein leicht zubereitetes Essen und jemanden, der den Lichtschalter ausknipst.

Beim ersten Mal ist es vermutlich besser, den Kindern zu sagen, was es zu essen gibt, später kann auch in der Überraschung der Reiz liegen. Sprechen Sie mit Ihren Kindern darüber, wie sie sich beim Essen im Dunkeln fühlen. Erklären Sie ihnen, dass es viele Menschen gibt, für die der Alltag ohne Licht ein Dauerzustand ist. Auf diese Weise können Sie Ihre Kinder dafür sensibilisieren, wie sich blinde Menschen fühlen und wie schwierig manchmal der Alltag für sie ist.

Bei einer anderen Idee können Sie versuchen, das Essen ganz bewusst zu kauen. Theoretisch sollte jeder Bissen 30-mal gekaut werden.

Spannend ist es auch, zu sehen, was und wie in anderen Ländern gegessen wird. Probieren Sie doch mal indisches Essen. Die Gewürze bereiten ein neuartiges Geschmackserlebnis, und die Erfahrung, mit den Händen zu essen, fühlt sich für uns zunächst fremd an. Ein Großteil der Menschen kennt dagegen kein Besteck – oder anderes, wie beispielsweise die asiatischen Stäbchen. Probieren Sie die doch mal aus!

Eine andere Möglichkeit bestünde darin, die Sitzgewohnheiten zu verändern. Wer sagt, dass man nur am Tisch essen kann? Veranstalten Sie ein Picknick auf dem Wohnzimmerboden, das für alle unvergesslich bleiben wird. Sie können Ihren Kindern auch vorschlagen, wie die alten Römer im Liegen zu essen.

Darüber hinaus sind viele Menschen Vegetarier. Erklären Sie Ihren Kindern, wieso manche Personen fleischlos leben, und versuchen Sie es selbst einmal. Besonders gut schmeckt ein Essen, für das man die Zutaten aus dem eigenen Garten geerntet hat. Sie können aber auch Pilze im Wald sammeln, wenn Sie sich mit Pilzen gut auskennen. Oder bereiten Sie aus Brennnesseln, die Sie und Ihre Familie vorsichtig mit Handschuhen gepflückt haben, einen leckeren Salat zu. Weitere vegetarische Rezepte können Sie im Internet finden oder in Kochbüchern in Ihrer Stadtbibliothek.

81 Fördern Sie Freundschaften unter Geschwistern

Gute Freunde – wir alle sehnen uns nach ihnen, hängen an ihnen und sind verzweifelt, wenn sie wegziehen. So sollte es auch sein. Die Wahrheit ist jedoch: Die besten Freunde, die sich Ihre Kinder jemals wünschen können, leben direkt unter Ihrem Dach. Aller modernen Mythologie zum Trotz ist es von Gott so gedacht, dass Geschwister Freunde sein sollen. Ignorieren Sie das Gerede über Rivalität und die Position in der Geschwisterreihenfolge. Mit Ihrer Hilfe können zwischen Ihren Kindern gegenseitige Liebe und Achtung wachsen, die über Ihren Tod hinaus weiter bestehen werden. Wie schön wäre es, wenn die Geschwister einander so viel bedeuten würden, dass sie sich gegenseitig trösten, wenn Sie einmal nicht mehr da sind.

Wenn Sie das erreichen wollen, dürfen Sie keine Lieblinge haben. In der Bibel lesen wir viele Geschichten von Eltern, die ein „Lieblingskind" mit Geschenken überhäuft haben. Erinnern Sie sich an Josef und seinen tollen bunten Mantel? Dieses Geschenk weckte die Eifersucht seiner Brüder. Sie rächten sich, indem sie ihn in einen Brunnen warfen und als Sklaven verkauften. Hass unter Geschwistern ist leider häufig und rührt meist daher, dass ein Elternteil in Kind A vernarrt ist und Kind B ignoriert.

Kinder erkennen die Hackordnung. Sie merken genau, was vor sich geht. Wenn Sie nicht aufpassen, werden sie anfangen, Ihre Fairness infrage zu stellen. Eltern, die ein Kind einem anderen vorziehen, begehen einen schrecklichen Fehler. Warum sagen, dass Sarah klüger, braver oder sportlicher ist als Kevin? Solche Worte machen es von vornherein unmöglich, dass Ihre Kinder zu Freunden werden. Und sie können hartnäckige Überlegenheits- oder Minderwertigkeitsgefühle auslösen. Manche Kinder meinen, sie bräuchten sich nicht anzustrengen, während andere sich fragen: „Welchen Sinn hat das schon?"

Lassen Sie all Ihren Kindern dieselbe Liebe und Unterstützung zukommen. Dann haben sie bessere Chancen, miteinander auszukommen. Sie werden lernen, dass sie unterschiedliche Gaben und Stärken haben. Wenn Sie sie dazu ermutigen, Freunde zu sein, können sie sich in den Bereichen, in denen sie Schwächen haben, aufeinander stützen. Geschwister können Freunde sein, die einander ihr Leben lang nahe sind.

82 *Helfen Sie Ihren Kindern herauszufinden, was sie gut können*

Es liegt vielleicht direkt vor ihrer Nase, und doch sehen sie es nicht. Das ist einer der Gründe, warum Ihre Kinder Ihre Hilfe brauchen, um zu entdecken, welche Fähigkeiten Gott in sie hineingelegt hat. Haben Sie keine Angst, dabei stolz zu klingen. Loben und ermutigen Sie Ihre Kinder, wo und wann immer es angebracht ist. Sie als Eltern haben die besten Voraussetzungen dafür, ihre Einzigartigkeit zu erkennen.

Jedes Kind braucht etwas, das ihm das Gefühl gibt, etwas Besonderes zu sein. Worin diese persönliche Gabe besteht, kann ganz unterschiedlich sein. Selbst innerhalb einer Familie werden die Kinder sich in dem unterscheiden, was sie gut können und mit Spaß tun. Eines hilft vielleicht gern Behinderten oder löst Probleme, mit denen andere nicht fertig werden. Vielleicht können Ihre Kinder irgendetwas gut, wofür die Welt keine Goldmedaillen verteilt. Wunderbar – wir brauchen viel mehr Menschen wie sie! Aber achten Sie immer auch darauf, dass Sie ihnen deutlich machen: Keine Gabe ist wichtiger als eine andere.

Manchmal macht der Alltag Sie fertig und Sie sehnen sich selbst nach Ermutigung, aber niemand gibt sie Ihnen. Das ist keine Entschuldigung. Sie sollten Ihren Kindern trotzdem helfen, das Gute in sich selbst zu erkennen, indem Sie sie auf ihre positiven Charakterzüge und besonderen Fähigkeiten hinweisen.

Gehen Sie noch einen Schritt weiter, und finden Sie heraus, welche Fähigkeiten Ihre Kinder gern besäßen oder worin sie sich verbessern möchten. Wenn Sie selbst diese Fähigkeiten besitzen, dann helfen Sie ihnen, wenn nicht, dann ermutigen Sie sie, sich die gewünschten Kenntnisse in geeigneten Kursen oder Workshops anzueignen. Angesichts der Fülle von Kursen im Internet und etlicher Bücher sollte Ihr Kind die Möglichkeit haben, fast alles zu lernen.

Und vor allem: Bitten Sie Gott, Ihnen zu zeigen, welche Gaben er in Ihre Kinder hineingelegt hat und wie Sie sie am besten darin unterstützen können, diese zu entwickeln.

Machen Sie das Wohlbefinden Ihrer Kinder zu Ihrer obersten Priorität. Helfen Sie ihnen, als Persönlichkeiten zu wachsen. Machen Sie sich bewusst, dass ihre Zufriedenheit und ihre Selbstachtung davon abhängen, wie hoch ihr Selbstwert ist. Dieser steht in direktem Zusammenhang mit ihren Talenten. Jedes von ihnen hat besondere Fähigkeiten, die unser Schöpfer ihm in die Wiege gelegt hat. Und was noch wichtiger ist: Sie alle sind schon alleine deshalb wertvoll, weil sie seine Kinder sind.

83 Üben Sie mit Ihren Kindern Strategien zur Konflikt-bewältigung ein

Solange wir nicht vollkommen sind, wird es Konflikte geben. Ihre Kinder, die gerade noch kein Wässerchen trüben konnten, verwandeln sich im nächsten Augenblick in wütende, wild um sich beißende Monster.

Wie alle Nachkommen von Adam und Eva verstoßen wir von Natur aus gegen Gesetze und machen einen Fehler nach dem anderen. Wie wir mit diesen Situationen umgehen, ist die eigentliche Prüfung. Wenn Ihre Kinder Ihre Autorität infrage stellen, müssen Sie stark sein – um Ihrer Kinder willen und auch um Ihrer selbst willen. Konflikte entstehen meist dadurch, dass es uns nicht gelingt, Probleme diplomatisch anzugehen und kleine Schwierigkeiten zu lösen, bevor sie sich ausweiten.

Sie und Ihre Kinder werden unvermeidlich darum kämpfen, wer das Sagen hat. Ihre Kinder werden sich mit ihren Geschwistern streiten, mit Klassenkameraden aneinandergeraten und Konflikte mit dem Rest der Welt bekommen. Wie sie mit solchen Schwierigkeiten umgehen, liegt ganz in Ihrer Hand.

Bringen Sie ihnen bei, innezuhalten und Luft zu holen. Das Schlimmste, was Ihre Kinder tun können, ist, auf eine vermeintliche Verletzung mit einem wütenden Gegenangriff zu reagieren – von null auf hundertachtzig in weniger als sechzig Sekunden.

Viel besser ist es, einen Gang herunter- und das Gehirn einzuschalten, bevor man den Mund aufmacht. Diese Verzögerungstaktik verhindert einen Wortschwall, den Sie oder Ihre Kinder später gern ungeschehen machen würden. Um die unterbrochene Kommunikation wieder aufzunehmen, sollten Ihre Kinder verstehen, wer verletzt und was tatsächlich passiert ist. Wenn man die Einzelheiten in Ruhe durchspricht, nimmt das der Situation die Schärfe und schafft Raum dafür, logisch zu diskutieren und eigene Fehler zuzugeben. So werden Vergebung und Neubeginn möglich.

Ihre Kinder können sich entscheiden, auch dann zu vergeben, wenn sie von jemandem verletzt wurden, der nicht zugeben will, irgendetwas falsch gemacht zu haben. Ihr Kind muss das Seine tun, um den Frieden wiederherzustellen, aber es braucht sich nicht schuldig zu fühlen, wenn es nicht zu einer echten Versöhnung kommt. Konflikte lassen sich nur durch wechselseitige Kommunikation lösen. Aber Ihre Kinder haben ihren Beitrag zur Lösung des Problems in der Hand.

84 Schreiben Sie als Familie einen Leserbrief

Zeigen Sie Ihre Gefühle. Suchen Sie sich ein aktuelles Problem, das Ihnen und Ihren Kindern am Herzen liegt. Dann fassen Sie Ihr Anliegen in Worte und schreiben Sie einen Leserbrief.

Wenn Sie einen solchen Brief schreiben, sollten Sie sich für ein fest umrissenes Thema entscheiden. Ein klarer Fokus sorgt dafür, dass jedes Wort zählt. Geben Sie sich auf keinen Fall damit zufrieden, den ersten Entwurf abzuschicken. Behalten Sie den Brief so lange, bis Sie genau das gesagt haben, was Sie sagen wollten. Ihr Schreiben sollte kurz und, wenn nicht verbindlich, so doch zumindest respektvoll sein.

Viele Schreiben werden ignoriert, weil der Verfasser zu einem wütenden Rundumschlag ausgeholt hat, statt das heikle Thema differenziert und intelligent zu behandeln.

Es gibt eine richtige und eine unpassende Art, mit Dingen umzugehen. Allzu oft bleibt die Logik auf der Strecke, weil der Ton des Briefschreibers zu bissig und herablassend ist, um überzeugend zu wirken.

Die Herausforderung unserer heutigen „Ich kann lauter schreien als du"-Gesellschaft besteht darin, das sture Beharren auf dem eigenen Standpunkt zu überwinden und zu einer Haltung zu finden, in der man anderen in Ruhe zuhören kann, ohne gleich zum Gegenangriff auszuholen. Ihre Kinder sollten niemals Angst haben, für ihre Überzeugungen einzustehen. Aber sie müssen begreifen, dass ihr Ton und ihre Haltung anderen ebenso viel über sie selbst sagen wie ihre Worte. Wenn Sie Ihren Brief mit wütenden Schimpftiraden spicken, wirken Sie wie ein dröhnender Gong oder eine lärmende Trommel – nicht wie ein vernünftiger Mensch, dessen Stimme gehört wird. Verschwenden Sie damit nicht Ihre Zeit und Ihre Kraft.

Zeigen Sie Ihren Kindern, wie sie andere Menschen durch Humor und Liebenswürdigkeit für sich gewinnen können. Niemand mag es, wenn ihm eine Entscheidung aufgezwungen wird. Überzeugungen reifen oft in der Stille. Denken Sie daran: Sie und Ihre Kinder werden nicht alle Probleme der Welt mit einem Leserbrief lösen. Aber ein Leserbrief ist *eine* Möglichkeit, sich zu äußern, der eigenen Stimme Gehör zu verschaffen, Verantwortung zu übernehmen und aktiv zu werden. Sie geben ihnen damit ein wertvolles Werkzeug in die Hand, das sie gut gebrauchen können, wenn sie das Elternhaus einmal verlassen.

85 Organisieren Sie eine Familien-Talentshow und laden Sie die Nachbarn dazu ein

Legen Sie los: Blasen Sie in die Trompete. Oder spielen Sie Klavier. Oder tanzen Sie. Sie und Ihre Kinder können die besten Ihrer zahlreichen Talente präsentieren. Planen Sie ein Programm, das nicht länger als zwanzig Minuten dauert, und fangen Sie an zu üben. Bestimmen Sie nun noch einen Moderator, der die Beiträge ankündigt. Jetzt brauchen Sie nur noch ein Publikum. Nachbarn eignen sich gut, vor allem, wenn Sie ihnen hinterher ein Abendessen versprechen.

Eine Familien-Talentshow läuft reibungsloser ab, wenn Sie ein Programm verteilen, in dem jeder Beitrag aufgelistet ist. Geben Sie allen einen Künstlernamen, wenn Sie möchten. Ermutigen Sie auch das jüngste Familienmitglied, einen kleinen Beitrag einzuüben. Überlegen Sie sich ebenfalls, wo Sie auftreten wollen. Wenn Sie keine Bühne mieten können, spielen Sie in einer Garage oder einem anderen offenen Raum. Wenn das Wetter mitmacht, eignen sich auch Ihre Terrasse oder Ihr Balkon. Stellen Sie Stühle auf, bevor die Gäste kommen. Vermitteln

Sie ihnen das Gefühl, willkommen zu sein, denn Gott selbst heißt sie willkommen, ob ihnen das nun bewusst ist oder nicht.

Beginnen Sie die Show mit ein paar beliebten Liedern zum Mitsingen wie „Dancing Queen" von „ABBA" oder vielleicht „YMCA" von den „Village People" – irgendetwas, das die Stimmung auflockert und dafür sorgt, dass die Gäste sich entspannen. Selbst angesichts schiefer Töne, vergessener Sätze und Lampenfiebers sollte die Show nicht abgebrochen werden. Vor allem dann nicht, wenn *Sie* an der Reihe sind.

Quittieren Sie jede Vorführung mit einem kräftigen Applaus. Jeder, der den Mut hat, auf die Bühne zu treten, hat Anerkennung verdient – gleichgültig, wie anspruchsvoll oder einfach sein Beitrag ist. Laden Sie dann das gesamte Publikum und alle Mitwirkenden nach der Show zu einer gemeinsamen Party ein. Stellen Sie einfache Leckerbissen bereit, ein paar süße und ein paar herzhafte. Eine Eis-Skulptur ist ein echter Klassiker, aber ob Sie sich so viel Mühe geben wollen, bleibt völlig Ihnen überlassen.

86 *Kreieren Sie ab und zu ein neues Rezept*

Rezepte sind dazu da, auch mal ignoriert zu werden. Sind Sie ein Koch oder eine Köchin der alten Schule? Studieren Sie die Zutatenliste sorgfältig und halten Sie sich stets genau an die Mengenangaben? Vielleicht sind Sie aber auch ein „Alles ist möglich"-Typ, der fabelhafte Mahlzeiten aus den Resten vom Vortag zubereitet. Wie dem auch sei: Sie können in der Küche kreativer werden und Ihr Faible für abenteuerliches Kochen an Ihre Kinder weitergeben.

Warum sollten Sie ein paar neue Gewürze ausprobieren oder bewährte Rezepte verändern? Weil das der Weg ist, um alte Lieblingsmahlzeiten zu verbessern. Wenn Sie darauf bestehen, jeden Tag dieselben Mahlzeiten auf dieselbe Weise zuzubereiten, wird Ihre Familie irgendwann meutern. Gott liebt Abwechslung: Sehen Sie sich mal all die verschiedenen Menschen an, die er geschaffen hat. Lassen Sie sich dadurch inspirieren, neue Geschmacksrichtungen auszuprobieren und sich auf Abenteuer einzulassen.

Denken Sie daran, dass kulinarische Veränderungen selten von allein geschehen. Wir wehren uns dagegen, unseren Lieblingskuchen zu verändern. Wenn er gut genug für Oma war, ist er gut genug für uns. Ja, vielleicht. Aber würde er nicht besser schmecken, wenn Sie vor dem Backen ein paar Sesamkörner oder Mandelsplitter darüberstreuen oder Honig statt Zucker verwenden würden? Das wäre doch mal einen Versuch wert!

Sie und Ihre Kinder werden nie neue Möglichkeiten entdecken, die Familienklassiker zuzubereiten, wenn Sie sich nicht auf Experimente einlassen. Waghalsige Kombinationen bringen manchmal erstaunliche Ergebnisse – sowohl in positiver als auch in negativer Hinsicht. Schreiben Sie auf, was funktioniert hat und was nicht. So können Sie das Gute weiter verbessern und gleichzeitig vermeiden, denselben Fehler zweimal zu machen.

Der andere Grund, warum Sie Ihre Kinder dazu ermutigen sollten, selbst den Kochlöffel zu schwingen, ist ganz egoistisch: Eines Tages haben Sie vielleicht genug davon zu kochen. Wenn Ihre Kinder älter werden, wäre es doch schön, wenn sie ein Chili con Carne oder einen Kartoffelsalat mit Würstchen machen könnten. Sie hätten dann mal einen Tag Pause, und Ihre Kinder hätten die Chance, in der Küche zu glänzen. Wenn sie dazu bereit sind, treten Sie einen Schritt zurück, und schauen Sie zu, wie sich kulinarische Magie (und vielleicht ein bisschen Rauch) entwickelt.

87 *Bringen Sie Ihren Kindern organisatorische Fähigkeiten bei*

Krempel liegt überall im Weg. Ihre Kinder haben das wahrscheinlich auch schon gemerkt. Wie oft müssen sie, statt gleich mit den Hausaufgaben anzufangen, ihre Zeit damit verschwenden, Stifte und Papier zusammenzusuchen? Statt die Aufgabe zügig in Angriff zu nehmen, bleiben sie in den Startlöchern stecken.

Richten Sie ihnen einen Arbeitsplatz ein, der nur für sie reserviert ist. Sorgen Sie dafür, dass das nötige Werkzeug vorhanden ist. Das muss nichts Besonderes sein. Ein Platz, an dem sie sich ausbreiten können und der immer zur Verfügung steht, wenn sie ihn brauchen, reicht vollkommen aus. Achten Sie ebenso auf gute Beleuchtung und bequeme Stühle.

Auch ein ordentlicher Mensch kann in Papierkram ersticken. Sie bekommen Werbematerial per Post, drucken sich Seiten aus dem Internet aus, und andere schicken Ihnen weiteren Lesestoff zu. Bald haben Sie mehr, als Sie lesen können. Das nennt man „Informationsflut". Kanalisieren Sie diese Flut, indem Sie sich auf die Dinge konzentrieren, die für Sie und Ihre Kinder am wichtigsten sind. Helfen Sie Ihren Kindern zu entscheiden, welche Unterlagen es wert sind, dass man sich damit beschäftigt, und was in den Müll wandern kann.

Helfen Sie Ihren Kindern auch dabei, ihre zehn wichtigsten Ziele festzulegen. Wenn sie zum Beispiel in allen Fächern eine Eins wollen, müssen sie fleißig lernen. Das bedeutet, feste Zeiten für die Hausaufgaben zu reservieren und weniger Freizeit zu haben. Wenn sie ihren Zeitplan an ihren Zielen ausrichten, können Ihre Kinder so gut wie alles erreichen. Achten Sie darauf, dass bei all den Dingen auf der To-do-Liste auch noch Zeit für geistliche Dinge wie Gebet und Bibellesen bleibt.

Ihre Kinder haben mehr Entscheidungsmöglichkeiten, als Sie selbst in ihrem Alter hatten. Sich die Zeit gut einzuteilen und Prioritäten zu setzen bedeutet, das Beste aus diesen vielen Möglichkeiten zu machen und Ablenkungen zu vermeiden, die dazu führen, dass man Dinge hinausschiebt. Helfen Sie Ihren Kindern, aus vielen guten Möglichkeiten die besten herauszusuchen, damit sie Erfolg bei dem haben, was ihnen am wichtigsten ist.

88 *Lassen Sie Ihre Kinder wissen, dass Sie immer für sie da sein werden*

Mal ganz ehrlich: Ein leeres Nest ist keine so tolle Angelegenheit. Ob Sie dazu bereit sind oder nicht, Ihre Kinder werden irgendwann von zu Hause ausziehen, und Sie und Ihr(e) Ehepartner(in) werden angespannt darauf warten, dass sie zu Besuch kommen. Das ist ganz normal, so ist das Leben einfach. Unsere Sprösslinge müssen heranreifen und lernen, für sich selbst und ihre eigenen Kinder zu sorgen. Über kurz oder lang werden sie selbst Familien gründen, und wir werden uns danach sehnen, *bei ihnen* zu Gast zu sein. Ein Teil unserer Verantwortung als Eltern besteht darin, sie auf diese Situation vorzubereiten.

Das bedeutet nicht, dass Ihre Kinder nicht immer Ihre Kinder bleiben werden. Sie werden es sein, das gehört zu Gottes Plan. Sie sorgen sich um sie, beten für sie, und wenn Sie eine E-Mail oder einen Anruf von ihnen erhalten, durchfährt Sie ein freudiger Schauer. Auf Jahre hinaus werden Sie sich in all ihren Erfolgen sonnen. Schließlich werden die Rollen vielleicht vertauscht werden, wenn Sie älter werden und in stärkerem Ausmaß ihre Fürsorge benötigen.

Ihre Kinder sollten wissen, dass Sie immer für sie da sein werden. Das bedeutet nicht, dass Sie ständig Sofortkredite bereitstellen oder sie aus jedem Schlamassel herausholen. Aber Sie werden ihnen beistehen, wenn es zu ihrem eigenen Besten ist. Das ist der Schlüssel: zu wissen, wann man eingreifen muss und wann nicht. Die Antwort auf diese Frage lässt sich oft nur im Gebet finden. Gott kann Ihnen helfen, diese Gratwanderung zwischen Helfen und Stören zu bewältigen.

Elternschaft ist ein Balanceakt. Sie tasten sich voran und erraten den Rest – das ist auch in Ordnung so. Wenn Sie regelmäßig für Ihre Kinder beten, dann hilft das Ihnen selbst ebenso sehr wie Ihren Kindern. Versuchen Sie, ihnen eine Zeit lang oder bei einer bestimmten Aufgabe die Zügel in die Hand zu geben, und nehmen Sie sie anschließend wieder an sich. Lassen Sie sie bei jedem Versuch ein wenig selbstständiger werden.

Seien Sie immer bereit, Hoffnung, Rat und Hilfe anzubieten, vorausgesetzt, Ihre Kinder sitzen lange genug still, um Ihnen zuzuhören. Für sie da zu sein bedeutet, bereit zu sein, ihnen Ihre Liebe zu schenken und Ihre Erfahrungen weiterzugeben. Es bedeutet auch, zu verstehen, dass Ihre Hilfsangebote manchmal vielleicht nicht angenommen werden.

89 *Lassen Sie einen Drachen steigen*

Drachen regen die Fantasie zu Höhenflügen an, aber sie steigen zu lassen, erfordert auch ein bisschen Übung. Sie brauchen etwas stärkeren Wind, solide handwerkliche Kenntnisse und einen Hang zu Freiheit und Abenteuer. Den segelnden Schatten in die Lüfte zu entlassen, gibt Ihnen und Ihren Kindern das Gefühl, selbst zu fliegen – hochzuschnellen und abzutauchen, schelmisch und unberechenbar wie der Drachen.

Wenn Sie sich selbst als Drachenbauer versuchen wollen, können Sie sich Tipps und Bauanleitungen aus dem Internet oder der Bücherei besorgen. Sie können auch einen soliden Bausatz in einem Spielzeugladen kaufen. Wofür Sie sich auch entscheiden: Lassen Sie das gemeinsame Abenteuer schon mit dem Zusammenbau beginnen. Nehmen Sie sich ausreichend Zeit, und sorgen Sie dafür, dass Sie einen geeigneten Raum zur Verfügung haben. Dies ist das einzige Mal, wo Sie definitiv keinen Wind gebrauchen können.

Und dann kommt die Stunde der Wahrheit. Vielleicht geht es

Ihnen wie vielen anderen Möchtegern-Fliegern: viele Abstürze, dann ein Erfolg, anschließend erneut spektakuläre Bauchlandungen. Gerade wenn Sie denken, Sie hätten den Drachen sicher in der Luft, schlägt die Schwerkraft zu und zieht ihn nach unten.

Logische Erklärungen versagen. Der Drachen scheint entschlossen zu fliegen, wohin er will. Sprechen Sie darüber, dass Gottes Wege mit uns Ähnlichkeit mit diesem Drachen haben. Wir sehen, was er tut, und denken, wir hätten alles im Griff – und dann ändert er plötzlich die Richtung, und wir beginnen abzustürzen.

Wir sehen nicht, welche Kräfte hinter den Kulissen wirken, aber Gott sieht es sehr wohl. Wir werden es vielleicht nie verstehen, aber er hat alles im Blick. Mit anderen Worten: Die Welt ist kein beängstigender Ort, an dem der Zufall regiert. Alles, was geschieht, hat Sinn und folgt einer bestimmten Ordnung, weil Gott die Kontrolle darüber hat.

Wenn ein Drachen abstürzt, versuchen wir es erneut. Wir verlängern den Schwanz, spannen die Schnur straffer oder suchen uns einen weniger windigen Tag aus. Wir tun, was immer erforderlich ist. So sollten wir auch unser Leben leben. Gott hat uns Hoffnung geschenkt und das Verlangen, uns weiterzuentwickeln. Helfen Sie Ihren Kindern, diesen eigensinnigen Drachen in die Luft zu bekommen. Blicken Sie dann nach oben, und beobachten Sie, wie er fliegt.

90 Bringen Sie Ihren Kindern Höflichkeit und gute Manieren bei

Gute Manieren öffnen im wahrsten Sinne des Wortes Türen. Ihre Kinder werden angenehm auffallen, wenn sie die allgemeinen Regeln der Höflichkeit beachten. Zuzuhören, ohne zu unterbrechen, anderen den Vortritt zu lassen und Älteren Respekt entgegenzubringen – diese kleinen Opfer sind es oft, die darüber entscheiden, ob wir eine Arbeitsstelle bekommen oder nicht, ob unser Freundeskreis sich vergrößert oder nicht.

Es gibt viele Ge- und Verbotslisten, wenn es um Anstandsregeln geht. Manche Menschen haben ihre Karriere darauf aufgebaut, dass sie dem Rest der Gesellschaft sagen, was als höflich gilt. Machen Sie Gottes „goldene Regel" zu Ihrem persönlichen Maßstab: Behandeln Sie andere so, wie Sie selbst von ihnen behandelt werden möchten. Das können Ihre Kinder ganz intuitiv lernen. Sie fühlen sich schrecklich, wenn sie ausgeschlossen oder verletzt werden. Wenn sie wertgeschätzt und angenommen werden, ist das Gegenteil der Fall. Ihr anschließendes strahlendes Lächeln spricht Bände.

Gerade Eltern können ihren Kindern am meisten schaden, wenn es darum geht, die Grundregeln der Höflichkeit zu lernen. Ja, Sie! Wenn Sie Ihrem Kind schlechte Manieren durchgehen lassen, ermutigen Sie es geradezu, sich auch weiterhin so zu verhalten. Es ist nicht nett, wenn Ihre Kinder einen Erwachsenen ignorieren, der mit ihnen spricht. Wenn Sie zulassen, dass Ihre Tochter oder Ihr Sohn ein anderes Kind herablassend behandelt, beschwören Sie für die Zukunft noch größere Probleme herauf. Warum? Ihre Kinder lernen, dass im Alltag das Recht des Stärkeren gilt und Grobheit sich durchsetzt, sofern Sie ihnen durch Worte und Taten nicht etwas anderes beibringen.

Hier ein paar Grundregeln: Verlangen Sie volle Aufmerksamkeit von Ihrem Kind, wenn Sie mit ihm reden. Erlauben Sie ihm niemals, Widerworte zu geben oder gar nach Ihnen zu schlagen. Wenn Sie das tun, machen Sie ein kleines Monster aus ihm, das mit zunehmendem Alter immer lästiger und tyrannischer werden wird.

Leben Sie Ihren Kindern gute Manieren vor. Sie lernen durch Vorbilder, und durch *gute* Vorbilder lernen sie am besten. Höflichkeit mag eine vom Aussterben bedrohte Tugend sein – na und? Sie können etwas tun, um höfliches Verhalten in Ihrer Familie wiederzubeleben. Leben Sie nach der „goldenen Regel" und setzen Sie andere an die erste Stelle – eine einfache, aber sehr effektive Regel.

91 *Zeichnen Sie einen Schattenriss Ihres Kindes*

Lassen Sie eine alte Tradition wieder aufleben. Es machte unseren Vorfahren großes Vergnügen, eine Kerze aufzustellen, die zu porträtierende Person davor zu platzieren und ihre Silhouette auf ein Gitternetz an der Wand zu projizieren. Dasselbe Gitternetz war in einem kleineren Maßstab auf das vor dem Künstler liegende Papier gedruckt. Auf diese Weise fiel es ihm leicht, die Umrisse der betreffenden Person festzuhalten. Eine andere, einfachere Möglichkeit besteht darin, den Schattenriss auf einem an der Wand befestigten Blatt Papier direkt nachzuzeichnen.

Durch diese faszinierende Übung lernt man (neben manch anderem) Geduld. Ihre jungen Modelle zum Beispiel müssen eine Zeit lang still sitzen. Minuten scheinen zu Stunden zu werden. Zweifellos werden Ihre Kinder es kaum abwarten können, die Bilder zu sehen, die Sie gezeichnet haben. Sie werden wissen wollen, ob sie hübsch aussehen.

Sie haben eine von Gott geschenkte Möglichkeit, Ihrem Kind

die Wahrheit zu sagen. Erklären Sie ihm mit klaren, liebevollen Worten, wie wertvoll es in Gottes – und Ihren – Augen ist. Ihre Kinder sind umwerfend. Gott hat etwas von seinem Glanz in sie hineingelegt. Während Sie ihr Porträt zeichnen, haben Sie die Möglichkeit, ihre schönsten Merkmale hervorzuheben – die langen Wimpern, die kräftigen Haare, das ausgeprägte Kinn.

Schattenrisse verbergen die Details und sehen über Unvollkommenheiten hinweg. Machen Sie es genauso, wenn Sie mit Ihrem jungen Modell sprechen. Reden Sie nicht über die neuen Pickel oder die ständig rutschende Brille. Bauen Sie Ihr Kind durch Lob und Anerkennung auf, und helfen Sie ihm, sich über die Fantasie und Kreativität Gottes zu freuen.

Denken Sie dann an den Zustand der Herzen, die Ihnen anvertraut sind, während Sie die klaren Konturen der Silhouette betrachten. Gibt es da Wunden und offene Stellen? Das atemberaubende Tempo, mit dem das Leben heutzutage voranschreitet, kann Ihren Kindern die Unschuld rauben, bevor sie innerlich hinreichend gefestigt sind. Beschützen Sie ihre zarten, verletzlichen Seelen und geben Sie Ihren Kindern Raum und Zeit zum Wachsen.

92 Werden Sie zu Umweltschützern

Wer hat hier das Sagen? Gott natürlich, keine Frage. Aber obwohl er auf übernatürliche Weise jedes Problem lösen könnte, möchte er Ihre Unterstützung. Sie und Ihre Kinder sollten die Ärmel hochkrempeln, um unsere Erde sauber zu halten. Und nur wenige bestreiten, dass die Ressourcen der Erde begrenzt sind.

Wenn es um das Wohlergehen unseres Planeten geht, können Sie und Ihre Kinder einen enormen Beitrag leisten. Wenn Sie sich entscheiden, weniger verschwenderisch zu sein, dann werden Sie sparsamer mit Wasser, Essen und Energie umgehen. Das beschert Ihnen nicht nur mehr Geld im Portemonnaie, sondern Ihre Kinder lernen dadurch auch, mit weniger zurechtzukommen: Es ist nicht nötig, sich eine Viertelstunde lang berieseln zu lassen, wenn man mit einer Fünf-Minuten-Dusche genauso sauber wird.

Bringen Sie Ihren Kindern bei, Gott zuliebe die Umwelt zu schonen. Dann werden sie versuchen, dankbar über diesen schönen Ort zu wachen und seinen Glanz so vollkommen und ursprünglich wie möglich zu bewahren. Möchten Sie nicht, dass Ihre Kinder und diejenigen, die noch nicht geboren sind, die Möglichkeit haben, die Schönheit der Erde zu bewundern? Denken Sie nur an die Erhabenheit eines jahrhundertealten Mammutbaumes, dessen Stamm so dick ist, dass Ihre ganze Familie sich an der Hand nehmen muss, um ihn zu umspannen. Oder an einen Bergbach, der so klar ist, dass man das Gesicht hineintauchen und daraus trinken kann. Oder an die herrliche frische Luft, die man nach einem reinigenden Sommergewitter in vollen Zügen einatmen kann …

Um Ihre Sorge um den Erhalt der Schöpfung praktisch werden zu lassen, sollten Sie sich als Familie ein bestimmtes Projekt aussuchen, für das Sie eine „Patenschaft" übernehmen. Investieren Sie Zeit, Geld und Begeisterung, um Ihren Lieblingsplatz sauber zu halten. Sie könnten sogar einen Streckenabschnitt neben einer Straße „adoptieren", damit Ihr Engagement auch öffentlich sichtbar wird.

Sie und Ihre Kinder können kleine Schritte tun, die zu großen Veränderungen führen. Geben Sie gesunde Einstellungen zur Umwelt weiter, sodass sie zu familiären Traditionen werden. Diese einzigartige Welt wurde extra für uns geschaffen. Helfen Sie Ihren Kindern, Achtung vor der Größe dieses Geschenkes, das Gott uns gemacht hat, zu lernen.

93 Zeigen Sie Ihren Kindern den Wert von harter Arbeit und Selbstdisziplin

Seit Adam und Eva aus dem Paradies vertrieben wurden, mussten die Menschen arbeiten. Manche müssen härter arbeiten als andere, aber wir alle haben unsere Aufgaben zu erfüllen. Die Vorstellung, wir könnten uns davor drücken, ist schlicht Wunschdenken. Nur wenn wir in dieser Hinsicht unsere Pflicht tun, können wir sicherstellen, dass Essen auf den Tisch kommt und unsere Kinder Kleidung und ein Dach über dem Kopf haben. Ihnen bleibt nichts anderes übrig, als das Beste daraus zu machen, und Ihren Kindern auch nicht. Das ist eine tolle Möglichkeit, um Ihren Kindern zu zeigen, was sie erreichen können, wenn sie die ihnen übertragenen Aufgaben von ganzem Herzen, mit aller Kraft und mit all ihrem Verstand angehen.

Bringen Sie Ihren Kindern bei, eine Aufgabe konzentriert durchzuführen, dann werden sie sich so viel Arbeit vornehmen, dass sie auf Jahre hinaus beschäftigt sind. Vorgesetzte reden sich den Mund fusselig, um Mitarbeiter dazu zu bewegen, schlicht und einfach ihre Arbeit zu tun. Gewissenhafte Angestellte dagegen sind Gold wert. Lehren Sie Ihre Kinder, unerledigte Aufgaben zu sehen und diese freiwillig zu übernehmen. Die Welt wird verändert durch Menschen, die von selbst die Initiative ergreifen und in Ordnung bringen, was kaputt ist.

Gewöhnen Sie Ihre Kinder beizeiten daran zu arbeiten. Lassen Sie sie Kartoffeln schälen, Müll einsammeln, den Tisch decken, ihre Betten machen und sich selbst und ihre jüngeren Geschwister anziehen. Bestimmt fallen Ihnen noch andere Aufgaben ein, die Ihre Kinder übernehmen können. Aber je länger Sie damit warten, sie in dieser Hinsicht „einzuspannen", desto schwieriger wird es werden. Es liegt ganz bei Ihnen: Entweder können Sie jetzt kleine Schritte gehen, oder Sie müssen später enorm viel Kraft investieren, was sehr anstrengend ist.

Erklären Sie Ihren Kindern, dass hinter der richtigen Motivation der Wunsch stehen sollte, zuallererst Gott zu gefallen. Das ist das, worauf es wirklich ankommt. Die Bibel wird Ihnen das bestätigen. Es wird Sie nie wirklich befriedigen, auf die Anerkennung von Arbeitgebern oder Kollegen zu warten. Wenn Sie jedoch Ihre Arbeit aus der Motivation heraus tun, dass Sie Gott dienen wollen, ändern sich Ihre Ziele. Bringen Sie Ihren Kindern bei, mit Elan zu arbeiten und das Beste aus ihren Möglichkeiten zu machen. Machen Sie Ihren Kindern deutlich, dass Gott ihren Einsatz sieht und sich darüber freut.

94 Veranstalten Sie einen Papierflieger-Wettkampf

Wettkämpfe regen dazu an, miteinander zu konkurrieren. Probieren Sie dieses Prinzip einmal aus, indem Sie zu einem Papierflieger-Wettkampf mit selbst gebastelten Fliegern einladen. Dieses Vergnügen ist ebenso preiswert wie unterhaltsam. Fragen Sie Nachbarskinder, ob sie gern mitmachen möchten. Beginnen Sie damit, ein möglichst gutes Basismodell zu finden, und helfen Sie Ihren Kindern, sich aus altem Papier einen Flieger zu basteln. Der Fantasie der jungen Flugzeugbauer sind keine Grenzen gesetzt; alles kann ausprobiert werden, was im Rahmen des vorhandenen Materials möglich ist.

Damit die Flieger möglichst weit fliegen und möglichst leicht geborgen werden können, sollten Sie auf ein offenes Feld oder einen Schulhof gehen. So werden Sie mehr Zeit mit dem Fliegenlassen verbringen und weniger damit, lange Suchaktionen zu starten. Wechseln Sie sich ab, damit jeder mal in den Genuss kommt, im Rampenlicht zu stehen.

Vielleicht geht während des Wettkampfes irgendwann das

Flugzeug eines Teilnehmers kaputt. Auch wenn es nicht gerade zerschellt und in Flammen aufgeht, kann das eine oder andere Modell versagen und abstürzen. Wenn das geschieht, dann nutzen Sie die Gelegenheit, um Ihrem jungen Ingenieur dabei zu helfen, ein paar grundlegende Dinge zu verstehen:

Erstens ist das Leben so zerbrechlich wie ein Papierflieger. Wir sind auf Gottes schützende Hand angewiesen, um einen Tag nach dem anderen zu überstehen. Und zweitens besteht der Sinn des Wettkampfs einfach darin, Spaß zu haben. Es geht nicht um Ehre und Anerkennung, sondern nur darum, zu sehen, wessen Flieger an einem bestimmten Tag am besten und weitesten fliegt. Erinnern Sie alle Teilnehmer daran, dass andere Tage, andere Gelegenheiten kommen werden, um nach den Sternen zu greifen.

Damit Ihre Kinder sich gern an diesen Tag erinnern, sollten Sie ein paar preiswerte Medaillen oder Schleifen für die Platzierten und alle anderen Teilnehmer kaufen. Halten Sie eine kleine Zeremonie ab und geben Sie allen einen Preis und viel Lob. Ihre Familie wird von da an eine Schwäche für Wettbewerbe haben – vor allem für Flugwettbewerbe.

95 Nehmen Sie Fuß- und Handabdrücke von Ihren Kindern

„Bigfoot" gibt es wirklich. Sie werden es glauben, wenn Sie sehen, dass Ihre Kinder am laufenden Band aus ihren Schuhen herauswachsen. Eines Tages werden sie vielleicht sogar größer als Sie sein. Jetzt ist genau der richtige Zeitpunkt, um Erinnerungen zu schaffen, damit Sie in ein paar Jahren miteinander daran zurückdenken können, wie winzig die Kinder einmal waren. Besorgen Sie sich Bastelton und nehmen Sie Abdrücke von Ihren kleinen Kindern.

Lassen Sie auch die größeren Kinder mitmachen, allerdings sollten Sie dann ein bisschen mehr Ton kaufen. Vermitteln Sie all Ihren Kindern dieselbe Botschaft: Jedes Stadium ihrer Entwicklung ist Ihnen kostbar. Je mehr Sie und Ihre Kinder sich den Aufgaben des täglichen Lebens widmen müssen, desto schneller vergeht die Zeit. Darum ist es so wichtig, jetzt einen bestimmten Augenblick festzuhalten.

Es gibt viele Methoden, Reife zu messen. Sprechen Sie mit Ihren Kindern darüber, wie ihre Hände, Füße und anderen

Gliedmaßen wachsen. Ihre Körper werden größer und stärker. Was jedoch am wichtigsten ist, ist ihr geistliches Wachstum. Ist ihnen bewusst, dass Gott sie vorbehaltlos liebt und annimmt? Sie als Eltern können Ihren Kindern helfen, damit ihre Seele in dem gleichen Maß wächst, wie Ihre Kinder aus ihren Kleidern herauswachsen. Lesen Sie ihnen aus der Bibel vor, beten Sie zusammen, und beziehen Sie Gott ganz konkret in Ihr eigenes Leben ein.

Suchen Sie eine Wand aus, vielleicht in Ihrem Schlafzimmer, wo Sie all diese wertvollen Abdrücke, diese Trophäen der Kindheit, aufhängen können. Wenn dieses Krabbelkind mit den winzigen Füßchen eines Tages mit einer Schar Enkelkinder in Ihr Haus stürmt, wird sich die ganze Mannschaft staunend vor den Abdrücken versammeln. Das war Papas Fuß? Mamas Handabdruck? Sie werden nicht glauben, dass das möglich ist, bis Sie ihnen von dem Tag erzählen, an dem Sie sich Zeit genommen haben, um eine kleine Kostbarkeit zu schaffen.

96 Stellen Sie eine Zeitkapsel zusammen und vergraben Sie sie

Unsere Gegenwart war ihre Zukunft. Diejenigen, die vor uns gegangen sind, haben von diesem Tag, den wir heute erleben, geträumt. Sie haben sich gewünscht, sie könnten hier sein. Sie haben sich vorzustellen versucht, in was für Häusern Sie leben, was für Autos Sie fahren und welche Lebensmittel Sie essen würden. Sie und Ihre Kinder tun Dinge, die Menschen, die eine Generation vor Ihnen gelebt haben, sich nicht hätten träumen lassen.

Das ist das Tolle an einer Zeitkapsel. Sie haben die Möglichkeit, eine Sammlung von Erinnerungen zusammenzustellen, die irgendwann jemand anderen fesseln wird. Beginnen Sie mit dem Titelblatt einer Zeitung, um den Zeitrahmen anzugeben. Vielleicht können Sie auch Etiketten von Lebensmitteln oder technischen Geräten ablösen – alles, was erkennen lässt, wer Sie sind und was Sie gemacht haben. Schreiben Sie eine Liste mit Ihren Lieblingsfilmen und -büchern.

Verfassen Sie einen Brief, in dem Sie alle Mitglieder Ihrer

Familie beschreiben. Legen Sie ein kleines Heft dazu, das künftigen Entdeckern sagt, wie sie Gott kennenlernen können. Schreiben Sie auf, warum er so wichtig für sie ist. Legen Sie dann alles in einen wasserdichten, rostfreien Behälter und vergraben Sie diesen ein bis zwei Meter unter der Erdoberfläche.

Eine Zeitkapsel zusammenzustellen bedeutet, der Zukunft ein Geschenk zu machen. Sie werden das grandiose Auspacken vermutlich verpassen, aber es geht dabei auch nicht um Sie. Das ist einer der wichtigsten Punkte, die Sie mit Ihren Kindern besprechen sollten. Sie geben eine Momentaufnahme weiter, die eine zukünftige Familie nie selbst erleben könnte. Sie werden nie erfahren, wie sehr sie es schätzen, dass eine zukünftige Generation Ihnen so viel bedeutet hat, dass Sie sie an Ihrem Leben Anteil nehmen lassen.

Das Leben geht weiter. Eines Tages werden Sie nicht mehr dabei sein, und Ihre Chance, anderen etwas mitzugeben, ist vorbei. Hinterlassen Sie eine Spur im Herzen Ihres Kindes, solange es formbar ist. Sie haben keine Ahnung, wie viele weitere Möglichkeiten Sie noch haben werden oder was die Zukunft bereithält. Aber Sie können jetzt in Ihre Kinder investieren, damit sie, wenn sie einmal die Zeitkapsel ihrer Kindheit öffnen, darin viele fröhliche Erinnerungen finden.

97 Bauen Sie in Ihrer Wohnung ein Zelt auf

Sie müssen nicht der geborene Abenteurer sein. Auch wenn Sie von Natur aus eher ein ängstlicher Mensch sind, können Sie Ihren Kindern in Ihrem eigenen Wohnzimmer eine Ahnung davon vermitteln, wie es ist, in der freien Natur zu leben. Kreieren Sie einen Hauch von Freiheit und Abenteuer, indem Sie ein oder zwei Zelte aufbauen. Sie brauchen keine Zeltpflöcke in Ihren Teppich zu rammen, um die Zeltschnüre zu spannen – ein paar schwere Bücher tun es auch. Noch einfacher ist es natürlich, wenn Sie ein Igluzelt benutzen, das ein selbsttragendes Glasfibergestänge besitzt.

Holen Sie ein paar alte Schlafsäcke aus dem Keller, schnappen Sie sich Kissen von den Betten, und bereiten Sie sich auf eine vergnügliche Nacht vor. Besorgen Sie sich eine CD mit Urwaldklängen. So können Sie die Geräusche der Natur genießen, ohne sich um Insektenspray und Moskitonetze zu sorgen. Laden Sie Ihre Kinder ein, ihre größten Stofftiere zu holen, damit die Atmosphäre noch ein bisschen natürlicher wirkt. Statt

Würstchen am Lagerfeuer zu grillen, rösten Sie einfach ein paar Marshmallows im Backofen und stecken Sie sie auf Schaschlik-Spieße.

Erzählen Sie vor dem Einschlafen Geschichten von Pionieren, die neue Lebensräume entdeckt haben. Berichten Sie von Auswanderern, die in großen Schiffen über den Atlantik fuhren, und von Siedlern, die den Wilden Westen erschlossen haben. Zünden Sie ein paar Kerzen an und genießen Sie den sanften Schimmer. Singen Sie ein paar typische Zeltlagerlieder, ehe Sie in Ihre Schlafsäcke kriechen.

Das Einzige, was Ihnen fehlen wird (außer heulenden Kojoten), sind die Sterne am Himmelszelt. Erzählen Sie Ihren Kindern deshalb, dass Gott sie überall sieht, wo sie auch sein mögen – in einem Zelt, in einer Höhle oder unter freiem Himmel. Sie haben seine volle Aufmerksamkeit. Er liebt sie immer und überall. Was für ein wunderbarer Gedanke, um damit einzuschlafen.

98 *Organisieren Sie eine Teddybärjagd im Dunkeln*

Keine Löwen, keine Tiger, sondern – Bären! Eine der größten Freuden in der Kindheit ist es, überrascht zu werden. Machen Sie Ihren Kindern ein riesiges Vergnügen, indem Sie am Abend eine ausgewachsene Bärenjagd „mitten im tiefsten Wald" veranstalten – in Ihrer eigenen Wohnung!

Suchen Sie als Erstes alle Spielzeugbären zusammen, die Sie im Haus haben. Wenn Sie nicht wenigstens ein Dutzend finden, dann gehen Sie von Tür zu Tür und leihen Sie sich welche von Ihren Nachbarn. Die meisten Familien haben eine ganze Reihe. Sie oder Ihr(e) Ehepartner(in) beschäftigt die Kinder, während der oder die andere durchs Haus läuft und nach geeigneten, nicht zu schwer zu entdeckenden Verstecken sucht. Verstauen Sie die Bären so, dass auch die jüngsten Kinder sie finden können. Wenn Sie Kinder unterschiedlichen Alters haben, dann lassen Sie das älteste das Verstecken übernehmen. Es wird ihm riesigen Spaß machen!

Was als Nächstes kommt, ist Abenteuer pur! Geben Sie einem

Ihrer Kinder eine Taschenlampe und begeben Sie sich ins Jagdgebiet. Schalten Sie alle anderen Lichter aus und bleiben Sie ganz in der Nähe. Ihre Kinder sollen sich nur von dem schmalen Lichtstrahl der Taschenlampe führen lassen. Und dann folgen Sie Ihren Bärenjägern, während diese nach den raffinierten Tieren suchen. Mit jedem Bär, der gefunden wird, wächst die Aufregung. Ihre Kinder werden von einem Bärenversteck zum nächsten stürzen wollen. Lassen Sie sie gewähren, und führen Sie sie nur insoweit, dass sie sich nicht an Möbelstücken stoßen oder gegen die Wand rennen. Und applaudieren Sie laut nach jedem neuen Fund!

Schalten Sie das Licht wieder an, wenn Ihre kleinen Jäger alle Bären gefunden haben. Ihre Kinder werden wahrscheinlich so bald wie möglich eine zweite Runde jagen wollen. Und Sie haben eine neue Familientradition ins Leben gerufen.

Erklären Sie Ihren Kindern, dass sie manchmal nur ein kleines Licht haben, das ihnen den Weg zeigt, nur einen Hoffnungsschimmer. Aber Gott wartet wie ein guter Vater im Dunkeln und beschützt und leitet sie. Er ist immer da, wenn sie nach ihm rufen.

99

Hängen Sie eine Schaukel auf – auch für die älteren Kinder

Wenn Schaukeln doch unsterblich wären! Vielleicht liegt Ihre in den letzten Zügen. Früher oder später wird sie auseinanderfallen oder das Seil wird reißen. Das tun sie immer. Sehr wahrscheinlich werden Ihre Kinder und deren Freunde sie mächtig auf die Probe stellen. So ist das Leben halt. Nichts hält für immer, auch nicht die guten Sachen, die wir Menschen machen. Wir werden noch ein bisschen warten müssen, bis wir sehen, was für Schaukeln Gott für seine himmlischen Wohnungen geschaffen hat.

Eine abgenutzte Schaukel bedeutet normalerweise, dass die jungen Benutzer älter geworden sind. Ihre Sprösslinge sind keine kleinen Kinder mehr, sondern schon in der Vorpubertät, bereits Teenager oder gehen sogar schon auf die Volljährigkeit zu. Das könnte bedeuten, dass sie bald flügge werden.

Aber wie auch immer: Sie schaukeln immer noch gern. Vielleicht ist es eine unbewusste Erinnerung an die längst vergangene Zeit in der Wiege – jedenfalls lieben alle Kinder das Gefühl, ganz egal, wie alt sie sind. Darum werden Schaukelstühle und Hollywoodschaukeln auch nie aus der Mode kommen. Und deshalb sollten Sie dafür sorgen, dass Sie immer eine stabile Schaukel für Ihre älteren Kinder im Haus oder im Garten haben. Zweifellos werden auch die jüngeren dort viele glückliche Stunden verbringen, Geschichten anhören oder einfach den Tag genießen.

Alle Kinder, auch die reifsten, mögen einen Platz, an dem sie ihren Gedanken nachhängen können. Sie sehnen sich danach, Zeit und Raum für ihre Träume zu haben. Genau dafür sorgen Sie, wenn Sie eine große, stabile Schaukel aufstellen und ihnen sagen, dass sie speziell für die größeren Kinder gedacht ist. Sie werden Sie zunächst vielleicht amüsiert anschauen, aber wundern Sie sich nicht, wenn sie zu ihrem liebsten Möbelstück wird.

Eine Schaukel für große Kinder – das ist eine Idee, deren Zeit reif ist. Und vielleicht dürfen Sie sie auch gelegentlich benutzen, wenn Sie höflich fragen.

„Bevor meine Kinder erwachsen werden und von zu Hause ausziehen, möchte ich gerne noch …"

„Bevor meine Kinder erwachsen werden und von zu Hause ausziehen, möchte ich gerne noch …"

„Bevor meine Kinder erwachsen werden und von zu Hause ausziehen, möchte ich gerne noch …"

„Bevor meine Kinder erwachsen werden und von zu Hause ausziehen, möchte ich gerne noch ..."

„Bevor meine Kinder erwachsen werden und von zu Hause ausziehen, möchte ich gerne noch …"

„Bevor meine Kinder erwachsen werden und von zu Hause ausziehen, möchte ich gerne noch ..."

„Bevor meine Kinder erwachsen werden und von zu Hause ausziehen, möchte ich gerne noch …"

„Bevor meine Kinder erwachsen werden und von zu Hause ausziehen, möchte ich gerne noch …"

TEAM.F Seminare

rund ums Familienleben

→ Vertiefung der Ehebeziehung
→ Familienleben und Kindererziehung
→ Familienwochen
→ Ehevorbereitung
→ Seelsorge und Familienleben
→ Ehe-Abendkurse

Weitere Informationen: TEAM.F
Neues Leben für Familien e.V.
Christliche Ehe- und
Familienseminare
Honseler Bruch 30
58511 Lüdenscheid
Fon 0 23 51.8 16 86
Fax 0 23 51.8 06 64
E-Mail: info@team-f.de
Internet: www.team-f.de